QUERIDA, HÁ ALGO ERRADO?

QUERIDA, HÁ ALGO ERRADO?

TUDO QUE O HOMEM (E A MULHER) PRECISA SABER SOBRE O CASAMENTO

DR. H. PAGE WILLIAMS

Traduzido por Degmar Ribas Júnior e Michael Ribas

2ª Impressão

CPAD

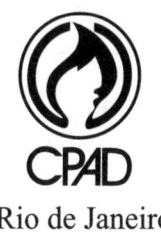

Rio de Janeiro

2017

Todos os direitos reservados. Copyright © 2016 para a língua portuguesa da Casa Publicadora das Assembleias de Deus. Aprovado pelo Conselho de Doutrina.

Título do original em inglês: *Do Yourself a Favor: Love Your Wife*
Bridge-Logos, Alachua, Florida EUA
Primeira edição em inglês: 1973
Tradução: Degmar Ribas Júnior e Michael Ribas

Preparação dos originais: Miquéias Nascimento
Capa: Jonas Lemos
Projeto gráfico: Elizangela Santos
Editoração: Oséas F. Maciel

CDD: 243 Família
ISBN: 978-85-263-1399-6
As citações bíblicas foram extraídas da versão Almeida Revista e Corrigida, edição de 1995, da Sociedade Bíblica do Brasil, salvo indicação em contrário.

Para maiores informações sobre livros, revistas, periódicos e os últimos lançamentos da CPAD, visite nosso site: http://www.cpad.com.br

SAC — Serviço de Atendimento ao Cliente: 0800-021-7373

Casa Publicadora das Assembleias de Deus
Av. Brasil, 34.401 – Bangu – Rio de Janeiro – RJ
CEP 21.852-002

2ª Impressão:2017

Tiragem: 1.000

Dedicatória

À minha esposa, Patti, e aos nossos filhos, Perry e Plythe — os quais têm me dado a alegria de ser um esposo e pai — e para a glória de Deus.

Sumário

Prefácio ...9
1. Querida, Há algo Errado? ...11
2. Sinais de Perigo ...21
3. Querida, o que Há de Errado? ... 35
4. De quem É a Culpa? ... 45
5. Como se Corrigir ...57
6. Sob Nova Direção ... 69
7. Esposa, Vida e Morte ... 87
8. Caminhos para a Harmonia Celestial no Lar ...101
9. Novos Caminhos para a Paz ... 117
10. Eu Fiz um Favor a mim mesmo ... 133

PREFÁCIO

Uma pergunta legítima na mente da maioria dos homens que cogitam ler um livro desta natureza é: "Quais são as suas credenciais?" Minhas credenciais vêm da verdade da Palavra de Deus, ensinada a mim pessoalmente pelo seu precioso Espírito durante 15 anos de ministério evangélico e 18 anos de um casamento glorioso. Deus colocou em meu coração uma mensagem para cada lar, porque eu vejo muitos homens e mulheres infelizes que não sabem como lidar com os problemas que enfrentam no lar e que procuram sobreviver de muitas maneiras equivocadas. A partir do discernimento espiritual que Deus concedeu a mim, escrevi este livro como um manual para o casamento.

H.P.W.

UM

Querida, Há Algo Errado?

A porta do quarto bate, e Fred ouve sua esposa descendo as escadas. Ele está grudado na televisão. Enquanto assiste o time do Miami Dolphins se aglomerar, ele abre a porta rapidamente e escuta o barulho de panelas e frigideiras vindo da cozinha.

O time de futebol americano consegue um *first down** — porém, o juiz levanta uma bandeira amarela no campo, marcando uma irregularidade na jogada:

— Mas que droga! — ele pensa.

Fred toma um gole de refrigerante e pega um biscoito pretzel* enquanto grita:

— Susie, vá até a cozinha e pergunte a sua mãe se aconteceu alguma coisa.

Os Dolphins pedem tempo, faltando apenas 30 segundos para terminar o jogo — o placar está empatado. O zagueiro anda depressa até a linha lateral.

Susie arrasta sua boneca Miss Beasley à medida que desce as escadas. Os óculos arredondados caíram do rosto da boneca no primeiro degrau da escada. Susie abre a porta da cozinha e diz a sua mãe:

— Papai quer saber se aconteceu alguma coisa.

— Ah, isso é típico dele, simplesmente típico! Fala que eu caí de costas — exclama a mãe com um tom estridente em sua voz à medida que se estatela com desgosto em uma cadeira da cozinha.

---

* N. do E.: Tanto nos Estados Unidos quando no Canadá, o *first down* se dá quando o time consegue avançar as 10 jardas e continuar sua campanha ofensiva. Jarda é uma unidade de medida de comprimento inglesa e norte-americana equivalente a 91,44 cm ou três pés [símb.: yd]

* N. do E.: *Pretzels* são biscoitos tradicionais da Alemanha. Têm formato de nó, gosto salgado e é assado no forno.

Susie sobe as escadas, e após entrar em seu quarto com sua boneca, seu pai grita:
— Susie? E aí, o que ela disse?
— Ela caiu de tanto sentir cócegas — responde Susie, olhando para a expressão confusa no rosto de seu pai antes de ele voltar a assistir TV.
— O ala direito pega o lançamento do zagueiro e corre pela lateral! — exclama o locutor, à medida que o superstar cambaleia em direção ao touchdown*.
O pai escuta o choro de seu filho recém-nascido no quarto em um volume superior ao da televisão barulhenta. Ele pensa:
— Mas por que é que a mãe desse bebê não faz alguma coisa?! — e ele se estica para pegar outro biscoito pretzel.

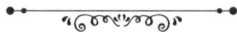

Certo dia, um de meus amigos chegou a sua casa após passar o dia em seu escritório e encontrou sua esposa arrumando as malas em silêncio:
— Ué, querida, há algo errado? — ele perguntou.
— Estou deixando você, Harry. Já aguentei muito, cheguei ao meu limite. Eu não quero conversar sobre isso, então só me deixe em paz! — ela respondeu.
Harry não conseguia crer no que estava acontecendo. Eles já estavam casados fazia cinco anos, e ele acreditava que seu casamento fosse maravilhoso. Sua esposa raramente reclamava e, na maioria das vezes, ela era a singela esposa devota que ele tanto queria que ela fosse.

Observei também outro casal ao longo de alguns meses e percebi que algo não estava exatamente bem em seu relacionamento. Por um

---

* N. do E.: *Touchdown* é um dos momentos mais importantes do futebol americano, quando um jogador atravessa a linha final do campo adversário. Vale 6 pontos e dá direito a uma tentativa de *extra point*, que, após o *touchdown*, é quando o time tem direito a uma tentativa de chute entre as duas traves para garantir mais um ponto. Há, também, a possibilidade de tentar-se uma conversão de dois pontos, só que, para isso, no lugar de um chute entre as traves, terá de ser feito um novo *touchdown* nessa única tentativa.

lado, a mulher continuava a elogiar seu marido, dizendo que ele era maravilhoso, um bom pai que sustentava muito bem a família e que eles nunca haviam tido qualquer problema. No entanto, ao mesmo tempo, eu podia ver sinais de ressentimento e amargura na forma como eles interagiam um com o outro.

Quando o marido ou a esposa tenta dizer que está tudo bem e não há problema algum em sua casa, há uma tentativa de engano. Eles estão tentando encobrir a verdade que não estão dispostos a enfrentar — uma verdade com a qual não querem lidar. No final das contas, essa esposa tinha muitas fantasias com outro homem casado e estava tentando encobrir o fato, maquiando a sua verdadeira situação em relação ao seu marido. Ela realmente o amava, mas cometeu deslizes ao nutrir devaneios destrutivos sem perceber. Depois de conversarmos sobre o assunto, decidimos deixar o marido a par do que estava acontecendo e, quando ela confessou que havia se envolvido num caso extraconjugal, ele disse: "Querida, há algo errado?"

Pra falar a verdade, havia muitos erros da parte dele. Na prática, ele deixou que isso acontecesse. Ele não acreditava que alguém mais pudesse se interessar por sua esposa. Consequentemente, ele acreditava que nenhuma outra pessoa a conquistaria. Ela desejava tão desesperadamente receber carinho e atenção que, quando encontrou essas coisas em outro homem, foi incapaz de rejeitá-las e não desejá-las, pois atenção e carinho são coisas de que toda esposa precisa.

Quando o marido dado por Deus a uma mulher não supre as necessidades dela, as consequências são frequentemente críticas. Essa mulher em particular estava submersa em sentimentos de culpa, mágoa, amargura, ressentimento, medo, raiva, dentre outros sentimentos semelhantes. Tudo isso porque seu marido não estava disposto, ou talvez fosse incapaz de demonstrar o seu amor a ela.

Talvez você seja um sujeito de fala mansa, que nunca fica chateado, nunca fica com raiva, sempre tenta lidar com os assuntos relacionados à família de uma maneira calma e intelectual. Mas quando as coisas desandam e ficam fora de controle, o homem farisaico sempre reúne a família e diz: "Tá legal, qual de vocês fez isso?", sem nunca perceber que ele próprio causou aquela situação, que tudo aquilo é culpa dele mesmo.

Por exemplo, há uma explosão de ira. Sua esposa aguenta o máximo que consegue, e então ela começa a atirar objetos que se despedaçam ao redor. Você age como se fosse equilibrado demais para se envolver na situação da mesma forma que ela se envolveu, fazendo com que ela se sinta maluca, uma espécie de psicopata. Você nunca para pra pensar por que ela está fazendo aquilo, nem nos motivos que levaram sua esposa a ficar tão chateada. Pode ser que ela queira simplesmente chamar sua atenção. Você tem sido totalmente alheio a ela e aos seus filhos — você vive em seu próprio mundo. Ah, mas você é um homem bom, tudo bem. Você vai à igreja; não desperdiça dinheiro; não fala mal da sua sogra e ainda fica longe de problemas. Só que você não faz nada construtivo ou empolgante em seu lar. Você raramente elogia sua esposa ou seus filhos, ou qualquer coisa que sua família faça. Você não brinca com seus filhos; não demonstra muito amor e carinho por sua esposa. Você vive por conta própria, despreocupado, rude, antiquado, enquanto sua família simplesmente desaparece ao fundo.

Estou falando sobre a realidade agora, e este é um assunto sério, porque, se você agir de forma farisaica, vai acabar pensando que é bom demais, porém não estará ciente de que a sua ausência nas questões familiares é uma lacuna grave, um pecado. Pode acontecer de você não saber o que está acontecendo em sua própria casa e, então, passar a se importar cada vez menos. Por exemplo, os filhos precisam de sapatos novos para ir à escola. "E daí? Isso aí é um problema que deve ser resolvido pela esposa", você pensa.

Seu filho tem uma consulta no dentista na próxima sexta-feira, às quatro horas da tarde. "E daí? Minha esposa pode cuidar disso; não preciso me preocupar com esse tipo de coisa".

Sua filha tem aulas de piano todas as terças-feiras à tarde, após o período de aulas na escola. "Ah, eu não preciso saber disso", você pensa.

Tia Matilda está vindo nos visitar na próxima semana e há um problema para decidir onde ela irá dormir. "Ah, isso não é problema meu; isso aí é serviço da minha esposa", você pondera.

O cachorro precisa tomar a vacina contra a raiva. "Sendo assim, vou deixar a esposa cuidar dos detalhes", você diz.

Os filhos do vizinho continuam vindo à sua casa em horários estranhos e causando problemas. "Ah, eu só vou cuidar disso depois que assistir a este jogo de futebol", você responde.

Querida, Há Algo Errado?

O casal da rua de baixo está realizando festas barulhentas e tumultuosas, e sua esposa quer saber o que você fará sobre isso. "Você não pode simplesmente invadir a privacidade das pessoas". Essa é a sua desculpa dessa vez. "Vamos deixar isso pra lá, vamos — eu sou um homem de paz".

Sua esposa está indo para o hospital porque passará por uma cirurgia. "Então, por que é que eu deveria organizar as coisas das crianças? Que ela faça essas coisas antes de ir para o hospital, ou deixe que minha mãe resolva esse problema", é a sua resposta.

Um dos queimadores do fogão não está funcionando corretamente. "Os sábados são meus únicos dias de folga — deixe que a esposa ligue para alguém vir consertá-lo".

Uma das crianças viu um inseto no quarto e achou que parecia um cupim. "Ah, mais tarde eu vejo isso. Você não vê que agora estou lendo o jornal?".

Há uma lâmpada queimada na sala de jantar. "Querida, você pode fazer alguma coisa para ajeitar este lugar?".

O entregador de jornais jogou o jornal no telhado há três semanas, e ele continua lá. "Eu vou subir lá só semana que vem, mas hoje eu tenho que assistir o campeonato de futebol".

Uma mulher queria se separar de seu marido. Perguntei a ela o que seu marido estava fazendo para que ela tivesse essa vontade, e sua resposta foi: "Nada." Com frequência, o que deixa a família "bagunçada" não é aquilo que os homens fazem, e sim o que eles deixam de fazer.

Muitos homens se tornam meros espectadores da situação de suas famílias. Essa é uma das razões que levam muitos homens a perder o respeito de seus familiares. Perguntei a um garotinho o que seu pai fazia, com a finalidade de saber qual era sua profissão, e o menino respondeu:

— Ele olha.

— Você quer dizer que ele é um vigia noturno? — eu perguntei.

— Ah, não — disse o menininho — ele só olha e observa.

— Bem, o que ele olha? — voltei a perguntar.

— Eu não sei se consigo contar todas as coisas que ele olha — continuou ele — mas posso citar algumas.

— Muito bem, conte-me — eu respondi.

— Ele olha a TV; ele olha a mamãe quando ela faz o trabalho doméstico; ele olha o entregador de jornais; ele olha as condições climáticas; e eu acho que ele olha as meninas também — disse ele, com um sorriso travesso em seu rosto.

O menino continuou:

— Ele olha o mercado de ações, os jogos de futebol, todos os esportes. Ele olha a mamãe batendo em nós, ele olha a gente fazer nossas lições de casa. Ele olha quando vamos à igreja, quando participamos de eventos da Associação de Pais e Mestres e quando fazemos compras. Ele olha meu irmão quando ele corta a grama, quando eu varro a casa. Ele olha minha irmã lavando os pratos e me olha enquanto dou banho no cachorro. Ele olha a mamãe escrever cartas e me olha brincar com meu cachorro. Ele olha a mamãe pagar as contas. Ele me olha bastante — só que, na maioria das vezes, ele só olha — disse o menino, com um tom de tristeza em sua voz.

Esse pai, assim como milhares de pais como ele, contraiu uma doença contagiosa que eu chamo de "espectadoritite". Essa doença se manifesta de muitas formas.

Permita-me ilustrar: O Sr. Brown está casado há mais de 15 anos. Ele tem um trabalho responsável, três filhos, uma casa e uma esposa muito talentosa. Ele se levanta de manhã e começa a importunar seu filho de 14 anos com algumas perguntas do tipo:

— Ei, Bill, por que é que você deixou o cortador de grama do lado de fora a noite toda? Você consegue fazer alguma coisa do jeito certo?

— Você vai pegar no meu pé de novo, não é? — o filho responde.

— Você está faltando com o respeito. O problema de vocês, crianças de hoje, é que vocês nunca querem fazer nada. Eu trabalho arduamente dia e noite para que você tenha todas essas coisas, e você não quer nem mesmo ajudar.

— O telefone tocou, e eu esqueci o cortador do lado de fora, me desculpe — diz Bill, deixando a mesa do café da manhã com o estômago vazio.

— E não se esqueça: eu quero esse cabelo cortado antes do fim de semana! — grita o Sr. Brown enquanto Bill se retira pelo corredor. Sua mandíbula cerrada reflete seu interior furioso. O dia mal começou e já está arruinado.

Esse pai tem a ideia errada de que ganhar a vida é a maior de suas responsabilidades dentro de casa e que todos devem se aglomerar e saudá-lo com reverência quando ele chega depois de um dia longo e difícil. Ele acredita ser o único que tem problemas realmente grandes, sem nunca suspeitar de que cada membro da família tem as suas próprias necessidades e que ele deveria ajudá-los. Ao invés disso, ele sempre trata os problemas dos outros membros da família levianamente, e diz: "Eu não desejaria meus problemas para ninguém", o que indica que ele pensa estar sob a pressão mais forte de todas. Ele nunca para pra pensar na agonia que seu filho está passando, tentando crescer rumo à idade adulta e precisando desesperadamente de aconselhamento, compreensão e orientação ao invés da rejeição, das críticas, das agressões verbais e das reclamações que seu pai profere com tanta abundância.

Assim como um falcão, esse Sr. Brown procura qualquer evidência adicional para a sua suspeita de que todos em sua casa estão tentando fugir de suas tarefas; então, ele busca todas as oportunidades possíveis para apontar os erros, as tolices e a preguiça de cada membro da casa. Por outro lado, ele nunca procura oportunidades para ser solidário e útil quando todos na família parecem estar esgotados. Ele nunca tenta se colocar no lugar de sua família para descobrir os sentimentos, as inibições, os sonhos, os sucessos, os gostos e desgostos de cada um deles. Tal pai poderia realmente ser uma bênção para seu filho se ele se esforçasse para descobrir como é ter 14 anos de idade, quais são os problemas particulares de seu filho, e o que ele pode fazer para ajudá-lo a resolvê-los. Como esse pai lidava com esses problemas quando ele próprio tinha essa idade, e o que ele sentia?

Eu extraio muitas pistas e ideias de pais e filhos que me dizem que esse pai nunca aproveita as chances de conversar com seu filho. O filho do Sr. Brown é, naturalmente, cheio de hostilidades. Ele demonstra ser irado, ressentido e rebelde, mas o pai pensa que isso acontece porque o garoto é preguiçoso ou não tem valor. O menino está clamando pelo amor de seu pai, porém seu pai é tão cheio de amor-próprio a ponto de não ter nenhum amor para dar a seu filho ou a qualquer outro membro da sua família — exceto, talvez, a algum membro da família que ele escolheu como seu favorito. Eu vejo isso acontecer com muita frequência. O pai tem um bom relacionamento com seu filho favorito e costuma dizer: "Este é o único do grupo que tem valor". Em seguida, ele aponta para Bill e resmunga: "Ele é a ovelha negra". O pai dedicou tempo, deu atenção e elogiou um filho que se sente amado e, portanto, responde com amor, enquanto criticou, atormentou e ridicularizou Bill. Não é de surpreender que Bill seja ciumento, inseguro, hostil e rebelde. O tempo todo, o pai acredita que isso seja culpa do menino ou mesmo da esposa.

Quando a mãe sente que Bill está sendo negligenciado por seu pai, ela assume esse papel, e então se desenvolve um relacionamento não saudável entre mãe e filho, que pode tornar Bill efeminado. Isso faz com que o pai fique irado e, então, passe a ser ainda mais duro com Bill, tentando torná-lo homem. Isso faz com que a mamãe fique brava com o papai e, na maioria das vezes, nenhum deles sabe o que está acontecendo. Tudo o que eles sabem é que o convívio dentro de casa está um inferno.

O Sr. Brown poderia facilmente resolver o problema admitindo que toda a dificuldade se deve ao seu amor próprio e à sua falta de amor por sua família. O Sr. Brown está tão apaixonado por si mesmo que, em seu trabalho, ele é o Sr. Coração Grande – sempre sorrindo, sempre solícito, sempre tratando a todos com uma atenção especial. Ele aprendeu como ganhar amigos e se relacionar de modo proveitoso com as pessoas. Ele, porém, é um homem diferente quando pisa em sua casa – tudo muda. Ele é o Sr. Resmungão, o Sr. Melindroso, o Sr. Boca Grande – tudo isso num só. Sua atitude é: "Ora, este é o meu domínio, e eu posso fazer o que bem entender. Tive que aturar meu chefe, meus clientes, meus colegas de trabalho, e agora eu quero o que eu quero, quando quero, e eu sou o rei, então todo mundo deve ficar atento e tomar cuidado. Tive que engolir vários sapos no meu trabalho e não estou disposto a engolir sapos em minha casa. Eu mereço um pouco de paz e tranquilidade, e é para isso que tenho uma esposa. Ela tem a função de manter o ambiente tranquilo, limpar minha casa, preparar minha comida, lavar minhas roupas, manter minha casa em ordem, educar meus filhos, deixar meu jornal pronto para minha leitura e os meus chinelos preparados para quando eu chegar a casa".

Um marido e um pai que age assim não conhece o conceito do Novo Testamento sobre o amor sacrificial, de morrer para viver, de dar para receber, de servir para ser servido, de perder para encontrar.

Querida, Há Algo Errado?

Ah, ele já ouviu falar sobre isso porque vai à igreja todos os domingos, mas nunca usou essas coisas como diretrizes para o comportamento de um marido e de um pai. Essas coisas entram por um ouvido e saem pelo outro, e ele continua a amar a si mesmo sempre. Ele nunca compreendeu a realidade da Santa Palavra de Deus a ponto de enxergar a pessoa cruel e perversa que tem sido.

Tenho notado que muitos lares de homens que frequentam a igreja estão tendo problemas. Isso decorre do fato de que muitos homens que frequentam a igreja se tornam egoístas e presunçosos em suas atitudes — como se fossem moralmente superiores. Eles acreditam que estão cumprindo as suas obrigações.

Um jovem frequentava a igreja com a seguinte atitude: "Vou fazer um favor à minha esposa indo à igreja com ela". Os cultos da igreja eram um tanto longos e, sendo assim, eles não conseguiam chegar a casa a tempo de o jovem assistir o último episódio do Golf Classic, e ele ficava irritado com isso. A família inteira foi afetada por causa de sua atitude egoísta e presunçosa.

Muitas vezes, fazemos a coisa certa com a atitude errada. Como resultado, você fica irado porque está sendo impedido de fazer o que gosta — então, você anula o bem que pensou que tivesse feito.

Talvez você tenha se comparado ao Sr. Ébrio, ao Sr. Mal, ao Sr. Lixo, ao Sr. Pobre ou ao Sr. Sem Igreja. Comparado a eles, você é o Sr. Sobriedade, o Sr. Bom, o Sr. Tesouro, o Sr. Rico ou o Sr. Frequentador da Igreja. Ao se comparar com outros homens inferiores, você sempre pode fazer sua família se sentir culpada e, ao mesmo tempo também, elevar seu próprio ego. Se eles se queixarem sobre qualquer coisa que você faz ou não faz, é possível que você responda assim: "E se o seu pai fosse como o Sr. Ébrio?", "E se eu fosse o Sr. Pobre e você não pudesse ter todas as coisas que tem?", "E se o seu pai não fosse à igreja como o Sr. Sem Igreja?" E assim por diante, *ad nauseam**.

Esses são apenas alguns exemplos de casamentos e lares que estão doentes porque o marido ou o pai contraiu a epidemia da espectadoritite. A única cura conhecida para este câncer que está se espalhando por todo o nosso país é Cristo Jesus. Quando nós, homens, nos voltarmos verdadeiramente para Cristo e nos ocuparmos com Ele,

---

* N. do E.: que significa "até a náusea", termo usado quando algo é dito tantas vezes a ponto de causar "náuseas" ou aborrecimentos a quem ouve.

Ele então se tornará o chefe que habitará em nossos corações. Então, a sociedade retornará à sanidade, à segurança e à salvação, e nossos lares encontrarão cura e ajuda, e nós teremos o céu, a harmonia e a esperança para a época atual.

Agora, se você for um homem normal, natural, é provável que, neste momento, você tenha começado a protestar um pouco e a pensar em todas as peculiaridades que tem que suportar em relação à sua esposa. Vale lembrar, no entanto, que estamos conversando sobre os homens, e nosso interesse é descobrir se há alguma coisa errada. Pense neste livro como um mistério que você está tentando desvendar: Quem fez isso? – Quem cometeu o crime? Se você relaxar, abrir os seus olhos e ouvir todas as evidências, acredito eu que haverá um final surpreendente – e feliz – para você.

DOIS

Sinais de Perigo

Os casais fornecem muitas pistas e indícios quando enfrentam problemas no lar. Quando os sinais de discórdia doméstica apontam para percursos agitados e vias congestionadas, nós, ministros, sabemos que uma colisão está a caminho. A maioria dos homens e muitas mulheres, no entanto, não estão cientes dos sinais de perigo, ou então os ignoram, pois não acreditam estar em rota de colisão.

Aqui estão algumas das pistas e dos indícios que devemos observar:

(1) Quando um membro da família fortalece o outro, porém com uma propensão à amargura.

(2) Um casal que usa uma situação pública para diminuir um ao outro.

(3) Um marido que usa sua esposa como o alvo das suas piadas.

(4) Casais que dizem não ter nenhum problema e que nunca tiveram sequer uma briga.

(5) Um marido que chama sua esposa de nomes ofensivos.

(6) Quando o marido começa a dar desculpas por estar longe de casa ou, simplesmente, permanece longe sem nenhuma justificativa. Isso também vale para a esposa, ainda que ela esteja envolvida em atividades valorosas.

(7) Quando o marido demonstra pouquíssima atenção à sua esposa; quando ele não age com a cortesia ou com a sensibilidade que deveriam ser comuns no tratamento que dispensa a ela.

(8) Quando o marido raramente ajuda nas tarefas de manutenção do lar.

(9) Quando ocorrem brigas, queixas e críticas excessivas constantemente entre um casal.

(10) Quando tanto o marido quanto a esposa trabalham, e ele segue o seu caminho e ela segue o dela.

(11) Casais que não conseguem conversar sobre as diferenças sem entrar numa discussão ou briga acalorada.

(12) Quando o casal decide ter quartos separados, e quando o casal tem pouco ou nenhum contato físico.

(13) Quando o sogro e a sogra recebem a permissão de definir as diretrizes ou de tomar as decisões para a família no lugar do homem da casa.

(14) Quando o marido empurra para a sua esposa a responsabilidade de tomar as decisões, ou até mesmo permite que ela tome as decisões porque ela deseja fazê-lo.

(15) Quando os filhos não se comportam bem e não têm boas maneiras.

(16) Quando você sente que os adolescentes estão ressentidos e são rebeldes em relação aos seus pais.

(17) Quando um casal se muda para um bairro ou residência que está acima de seu poder aquisitivo ou parece dar mais ênfase à aceitação social e a bens materiais do que às necessidades espirituais de amor, humildade e adoração.

(18) Quando um casal gasta todo o seu tempo em qualquer atividade que surja – incluindo atividades na igreja – mas nunca reserva um tempo para ficar um com o outro.

Essas são apenas algumas das pistas que apontam para as áreas da vida familiar que não estão sendo tratadas de forma satisfatória, e que, portanto, culminarão em separação ou divórcio, ainda que isso possa demorar 5 ou 50 anos para acontecer.

Percebi alguns desses sinais há alguns anos e, finalmente, numa tarde de sábado, quando a esposa já não aguentava mais, ela começou a atirar coisas pela casa, enquanto os filhos e o marido olhavam com espanto, incapazes de acreditar no que estavam vendo. A esposa deste homem, uma mulher que costumava ser tranquila, calma e comedida, estava tendo um ataque de nervos. Ele precisou contê-la à força (ela finalmente conseguiu chamar a atenção dele) e, em seguida, ele disse: "Querida, há algo errado?". É claro, havia centenas de pequenas coisas que haviam se acumulado durante os anos, e ela finalmente explodiu. Se o seu marido tivesse agido com discernimento, teria detectado essas pequenas irritações e teria lidado com elas à medida que surgissem.

— Mas é humanamente impossível lidar bem com uma esposa em cada pequeno detalhe. Eu trabalho o dia todo e não sei o que poderia fazer para ajudá-la ou para evitar que ela tenha um colapso nervoso — disse o marido dessa mulher quando conversamos sobre o acorrido em meu escritório.

— Você está absolutamente certo. É claro que, munido apenas de suas próprias energias e iniciativas, você é incapaz de lidar bem com sua esposa em cada detalhe, mas o Senhor nosso Deus pode trabalhar em sua vida para que você seja espiritualmente sensível e enxergue o que está errado. A sinceridade por si só não é suficiente. Quando estamos no escuro, precisamos que a sensibilidade de Deus e a luz do seu amor nos mostrem isso — eu respondi.

Não muito tempo atrás, enquanto eu gravava alguns devocionais num canal de televisão, eu estava tentando apresentar, de forma resumida, alguns princípios sobre o tema:

— Homens, façam um favor a si mesmos.

Após cada corte de três minutos, o câmera vinha até mim e dizia:

— Mas e quanto às mulheres? Elas não fazem nada de errado?

Eu sabia que aquilo que eu estava dizendo estava mexendo com ele. Ele estava respondendo conforme a típica maneira masculina de apontar o dedo para a esposa e lançar sobre ela a responsabilidade pelas falhas que fazem com que o lar não funcione como deveria. Ele tinha um intervalo de alguns minutos antes de seu próximo trabalho, e nós conversamos sobre essa questão enquanto ele organizava o seu equipamento no estúdio:

— Você sabia que nossas esposas são a maior influência de nossas vidas? — perguntei.

Ele acenou positivamente com a cabeça como se soubesse o que eu estava dizendo e, então, respondeu:

— Sim! Minha esposa sempre me diz o que eu devo fazer, e cara, eu estou cansado disso!

Eu tentei mostrar simpatia, mas decidi parar para aconselhá-lo:

— Há algo de errado em seu casamento? — perguntei.

Ele respondeu:

— Ah, não. Estamos casados há dois anos, e nosso relacionamento é muito bom. Gosto de ter paz, então simplesmente evito entrar em conflito com ela para que ela não me pressione.

Percebi que ele queria falar mais, porém ele estava hesitante em conversar comigo sobre o assunto porque já havia me dito que o relacionamento deles era muito bom. Então, para ajudá-lo, perguntei:

— Sua esposa trabalha?

— Sim, ela de fato trabalha. Ela é enfermeira — disse ele.

Isso me forneceu uma grande pista dos motivos pelos quais poderia haver muitas dificuldades emocionais com as quais o casal precisava lidar. Em primeiro lugar, ela era mais instruída que ele; em segundo lugar, ela ganhava mais dinheiro que ele; e, em terceiro lugar, ela era independente. Essas são questões que realmente precisam ser tratadas, especialmente se o homem for orgulhoso — e a maioria dos homens é orgulhosa.

— Quais são seus planos? — perguntei, tentando descobrir se ele era um jovem ambicioso que sonhava ir a vários lugares e a subir a escada do sucesso.

— Ah, eu acho que vou ficar onde estou. Eu gosto desse tipo de trabalho.

Depois dessa, percebi por que a esposa desse jovem estava lhe pressionando. Ela estava esperando um bebê que nasceria em breve e, por isso, teria que tirar uma licença maternidade do hospital onde trabalhava como enfermeira. Então, a situação do casal ficaria realmente apertada, pois eles teriam que viver apenas com o salário que ele ganhava, e ela estava começando a sentir a pressão, embora eles não fossem capazes de falar sobre este assunto abertamente. Como ele não estava disposto a admitir que o seu casamento precisava de ajuda, não pude continuar a explorar o problema do casal. A menos que estejam dispostos a admitir o problema, eles irão lutar com esta situação por muitos anos — isso se o casamento durar.

Essa é a forma como muitos homens tentam lidar com seus problemas: fugindo dos problemas reais, dizendo que não têm um problema, ou então sendo teimosos, recusando-se a conversar com franqueza.

Há um grande número de homens que não são honestos com suas esposas e que, por causa disso, são passivamente agressivos. Em outras palavras, eles vivem à sua própria maneira — independentemente do que suas esposas sugiram ou digam. Eles deixam de prestar atenção em suas esposas e seguem em frente com seus próprios desejos egoístas, embora passem a impressão de que as escutaram.

Por que não ser honesto com sua esposa e dizer a ela que você é egoísta ou que você não gosta das sugestões dela, ao invés de passar a impressão de que você está sendo gentil ao tolerar aquilo que ela diz?

Quando digo isso aos homens, a maioria deles diz: "Quando sou honesto, ela tem um ataque de nervos!". E eu respondo: "Quer dizer então que você não pode arcar com as consequências de ser honesto, e daí começa a agir de forma passiva?". A maioria dos homens não percebe o dano que causa ao longo dos anos ao tratar a esposa desta maneira passivamente agressiva. Isso cria uma lacuna de comunicação, pois você deixa de prestar atenção à sua esposa a ponto de sequer ouvir o que ela está dizendo, e aí você passa a se relacionar cada vez menos com ela. Você escolheu se acovardar, como um "franguinho" e, mais cedo ou mais tarde, as consequências disso lhe atingirão.

Esse homem passivamente agressivo – que pode ser você – não está de acordo com a função que o Senhor ordenou porque ele não tem coragem suficiente para permanecer na Palavra de Deus e sofrer durante as fases de silêncio ou dos sons de fúria. Se esse for o seu caso, é inevitável que sua esposa fique desanimada, frustrada e confusa. Isso acontece porque você não assume seu papel como o iniciador, aquele que toma atitude. Seu orgulho e sua irritabilidade fazem com que você fuja de seu papel.

A mulher precisa ter algo a que responder porque Deus a fez como uma resposta. Sendo assim, sua esposa responde àquilo que você transmite a ela. Portanto, se sua esposa não for boa, isso se deve ao fato de você não ter sido bom para com ela. Se você tiver a melhor esposa do mundo, isso quer dizer que você tem feito tudo certo.

"*Não erreis [...] tudo o que o homem semear, isso também ceifará*" (Gl 6.7).

Um colega me perguntou:
— Por que é que minha esposa não para de esbravejar, gritar e vociferar? Por que ela não diz uma vez só e pronto?

E eu respondi:

— É porque você costuma ignorar os pedidos dela; e também porque você raramente ouve o que ela diz, e por isso, essas coisas se acumulam até o ponto em que ela explode para chamar a sua atenção.

No processo de aconselhamento, encontro muitas razões pelas quais as esposas deixam seus maridos. Elas suportam o máximo que conseguem e, no final das contas, sem saber o que mais poderiam fazer, decidem ir embora. A maioria dos homens com os quais converso diz: "Se ela tivesse simplesmente me dito o que eu estava fazendo de errado, eu teria escutado".

O que a maioria de nós, maridos, não percebe, é que nossas esposas têm nos falado dezenas de vezes sobre os sentimentos delas, mas, pelo fato de estarmos lendo um jornal, uma revista, assistindo TV ou ocupados com qualquer outra coisa, nós não demos a elas a devida atenção.

Eu estava na mercearia quando vi uma família fazendo compras, e eu disse a mim mesmo: "Isso não é lindo? — marido, esposa e dois filhos fazendo compras juntos". Pensei que aquilo tudo fosse maravilhoso; mas quando passei pelo carrinho da família, que estava lotado de alimentos, pude ouvir o marido dizer:

— Ah, mas eu vou ficar muito irritado se tiver que empurrar esse carrinho pesado!

Logo depois disso, ele saiu andando, deixando sua esposa e filhos para trás. Virei-me a tempo de ver a pequena esposa carregando uma cesta pesada e um dos garotinhos tentando ajudar sua mãe.

Isso realmente aconteceu, e pode ser que *você* tenha uma atitude semelhante. Ele, provavelmente, pensou: "As compras estão sendo feitas com o *meu* dinheiro, e *eu* trabalhei arduamente para ganhá-lo. Por que é que *eu* deveria empurrar o carrinho?". Então, ele deixou o carrinho para sua esposa empurrar.

(Eu podia imaginar o marido dizendo: "Querida, há algo de errado?" à medida que a família saía da mercearia).

Esse é apenas um exemplo daquilo que os homens deixam para suas esposas empurrarem, simplesmente porque são vítimas da operação depravada de Satanás. Você pode rir se quiser, mas essa é uma das razões pelas quais as costas das mulheres estão sendo quebradas juntamente com os seus corações, porque o seu herói se tornou um vilão e ajuda pouco na luta do lar contra o inimigo.

Sinais de Perigo

Ora, é claro que Satanás está meio-certo. Ele cita a Escritura. Ele diz: "Você trabalhou arduamente. Você ganhou esse dinheiro com o suor do seu rosto. Essa é uma maldição que está sobre você".

"E a Adão [Deus] disse: Porquanto deste ouvidos à voz de tua mulher e comeste da árvore de que te ordenei, dizendo: Não comerás dela, maldita é a terra por causa de ti; com dor comerás dela todos os dias da tua vida. [...] No suor do teu rosto, comerás o teu pão, até que te tornes à terra" (Gn 3.17,19).

É o que Satanás diz:
— Você tem o direito de relaxar. Você trabalhou arduamente — com o suor de seu rosto. Então, relaxe um pouco, e divirta-se um pouco também. Faça um favor a si mesmo: compre um carro novo, um brinquedo novo, uma TV nova, ou um terno novo. Fuja um pouco de casa. Fique um pouco longe dos filhos e da esposa.

É assim que Satanás nos tenta, e pode ser que você esteja caindo exatamente nessa tentação.

Uma das ferramentas mais eficazes que Satanás utiliza são "meias verdades" e também coisas que são "verdadeiras em algum momento", a fim de inflar o ego de um homem para que ele pense ser mais do que realmente é. Assim, ele se torna um tirano e dá ordens para a sua esposa e para a sua família de forma rude e grosseira. Se você estiver ignorando o que estou dizendo, recomendo a você que examine bem sua vida, pois é muito provável que você esteja se moldando à forma ardilosa de Satanás.

Quando você intimida sua esposa e dá ordens rudes a ela, afetando-a profundamente ao xingá-la com raiva, a verdade é que você está doente. Você tem um casamento doente. Eu conheço um homem que intimida sua esposa por pensar que pode fazer o que quiser pelo fato de ser o cabeça do lar. Ele não foi capaz de perceber que a sua autoridade como o cabeça da casa é uma dádiva de Deus e que isso requer que ele se doe sacrificialmente à sua esposa e filhos.

Ao invés disso, ele compra tudo o que quer para brincar, embora raramente incentive sua esposa a comprar coisas boas para ela. Ele se dirige a ela de maneira ofensiva e faz com que ela se sinta desanimada e até mesmo com uma aparência ruim. Ela é muito insegura, tem medo de envelhecer e apresenta traços suicidas por ser incapaz de lidar com um marido que não consegue enxergar que está fazendo algo errado. Sua atitude é mais ou menos assim: "Eu proporciono a ela uma casa, uma empregada, filhos, um carro novo – tudo que o dinheiro pode comprar. Ora, o que há de errado nisso? Por que ela é tão infeliz?". Ele acredita que a sua esposa seja a mulher mais feliz do mundo pelo fato de ela ser casada com um homem tão esperto.

Ele não compreendeu que ele próprio é a causa da infelicidade e das frustrações de sua esposa. Ele não percebe que intimida e critica sua esposa, que é muito raro elogiá-la e que não a enxerga como uma pessoa de valor que precisa de amor e carinho. Ele acha que a esposa é uma escrava e também que o dever dela é fazer isso e aquilo sem receber atenção, elogios e afeição. Quando ela não recebe de seu marido aquilo que só ele pode dar, a sua vida se torna uma área de desastre, e ela se sente condenada, pois sabe que ele nunca irá mudar.

Quando você se torna um tirano e deprecia a sua esposa, sempre a chamando de nomes ofensivos e reclamando da aparência dela e daquilo que ela faz, criticando todas as suas ações, a verdade é que você está prejudicando a si mesmo, pois ela é uma parte de você, uma parte do seu próprio corpo e do seu próprio ser.

A tentação do homem vem de Satanás, que diz: "Faça do meu jeito; utilize meios mundanos e terrenos para governar o seu lar".

A razão de isso ser uma grande tentação é que a mulher quer ser governada. Seu grande desejo é ser sujeita a seu marido, porque Deus ordenou que fosse assim:

"*Multiplicarei grandemente a tua dor e a tua conceição; com dor terás filhos; e o teu desejo será para o teu marido, e ele te dominará*" (Gn 3.16).

Essa é a maldição que está sobre a mulher, e o desejo dela de ser governada apresenta dois problemas básicos. Sua esposa quer ser governada e quer ser cuidada, protegida e ter alguém para suprir as suas necessidades. Quando você não cumpre a ordem divina dentro de sua casa, sua esposa se rebela e perde o respeito por você.

Outro problema é que o desejo de ser governada a torna suscetível a sofrer abusos por parte do esposo. A autoridade é bem-vinda para ela; sua esposa quer ser guiada e dirigida; e ela também quer ser protegida por você; mas se der ouvidos a Satanás, você fará algumas das seguintes coisas: Exigências que sua esposa jamais poderá atender; guiá-la e governá-la excessivamente, a ponto de ela perder a autoconfiança. Fazer com que ela se sinta como um fantoche – uma ninguém, um nada. Você tira vantagem dela; você a menospreza; você a humilha em público; você a provoca; e você a atormenta.

Se você for um homem que sucumbiu à tentação de Satanás, acabará culpando sua esposa por tudo aquilo que dá errado em seu lar; tudo será culpa dela. Se ela não responder bem sexualmente, você dirá que ela é fria. Se estiver endividado, dirá que ela gasta todo o seu dinheiro. Se seus filhos são muito bagunceiros, você dirá que ela não é uma boa mãe.

Em tal caso, isso também coloca a mulher em evidência. E qual é a defesa dela? O que ela pode fazer para se defender? Vou lhe dizer o que sua esposa pode estar fazendo. Ela pode estar ficando doente – psicológica e fisicamente – porque esta é a única maneira pela qual ela pode revidar quando está sendo usada e abusada por você, que deveria ser um bom rei. Mas, na verdade, você está sendo um rei perverso. Ou ela precisa trabalhar para fugir da pressão que você exerce quando diz: "É meu dinheiro, é minha casa, e você é minha esposa; por isso, você tem que fazer isso e aquilo". Ou pode acontecer de ela tomar uma overdose de medicamentos na tentativa de cometer suicídio, porque perdeu todo o respeito por você e por si mesma. Ou então ela pode ter um caso extraconjugal com um ou vários homens. Ou, ainda, ela pode se tornar uma mulher qualquer e uma rabugenta, ou pode tentar fugir ou requerer o divórcio. Todas essas são formas que sua esposa pode acabar usando como um meio de se defender.

Por isso que é tão fácil Satanás dissolver seu lar – porque você não está assumindo o direito que Deus lhe deu de ser um bom rei. Essas são as tentações que Satanás inflige a você, e você deve reconhecer a fonte de seu problema e usar as armas que Deus lhe deu para lidar com o conflito. Essas armas foram listadas na Palavra de Deus em Efésios 6.

"Porque as armas da nossa milícia não são carnais, mas, sim, poderosas em Deus, para destruição das fortalezas; destruindo os conselhos e toda altivez que se levanta contra o conhecimento de Deus, e levando cativo todo entendimento à obediência de Cristo" (2 Co 10.4-5).

Então, você raramente percebe que Deus delegou a você a autoridade de ser o cabeça do lar. E o que acontece no lar está de acordo com o que você *faz* acontecer ou *deixa* acontecer. Se seu lar estiver estragado, a culpa será sua, rapaz! Coloque a culpa na pessoa certa.

Sei bem o que alguns de vocês, homens, estão pensando. Vocês estão dizendo: "Mas você simplesmente não conhece minha esposa!", "Você simplesmente não conhece minha situação!". A pergunta é: em quem você irá acreditar? Na Palavra de Deus e naquilo que Ele diz? Ou você irá acreditar naquilo que a sociedade diz? A Palavra de Deus diz:

"Assim devem os maridos amar a sua própria mulher como a seu próprio corpo. Quem ama a sua mulher ama-se a si mesmo" (Ef 5.28).

Jesus Cristo é o exemplo da forma como uma família deve viver em conjunto e se relacionar entre si. Efésios 5.2 diz:

"E andai em amor, como também Cristo vos amou e se entregou a si mesmo por nós, em oferta e sacrifício a Deus, em cheiro suave".

O amor de Cristo foi sacrificial e subiu à presença de Deus como um cheiro suave. A maioria do tipo de amor que os homens demonstram no lar é um amor que tem um cheiro ruim — exatamente o oposto daquilo que deveria ser, porque a maioria de nós é egoísta. Mas o que Deus diz é: "Se um homem ama sua esposa, ele realmente ama a si mesmo".

O mundo diz: "Homens, façam um favor a si mesmos e aproveitem aquilo que vem até vocês. Use a sua esposa. Use a esposa de outro homem. Use os seus amigos. Use o seu trabalho." O mundo ainda diz: "Você só tem uma chance na vida; então a agarre, pegue-a com gosto. Se você achar que algo é divertido, faça-o. Se tudo e todos estiverem fazendo algo, faça também. Se tiver que mentir, minta. Se tiver que trair, traia. Se tiver que trabalhar, trabalhe". O homem que tem a atitude acima está trabalhando arduamente em uma busca frenética pela felicidade. Toda a sua vida é orientada em torno da pergunta: "Isso está me fazendo feliz?". Essa, porém, é uma alegria passageira que nunca conduz à alegria duradoura.

Sinais de Perigo

A epístola de Paulo aos Efésios nos dá um exemplo do tipo de pessoas que temos em nossas casas hoje. Efésios 4.19 começa com um pronome relativo variável, "os quais", e esse pronome se refere aos homens cuja mente ficou cega e cujos corações foram endurecidos por eles terem dado ouvidos a Satanás. Esses são homens que, "havendo perdido todo o sentimento, se entregaram à dissolução, para, com avidez, cometerem toda impureza". Na verdade, esses homens estão empenhados numa busca frenética pela felicidade que sempre escorre pelos seus dedos.

Há um grande número de homens que trabalham dez vezes mais arduamente tentando fazer algo errado ou resolver um problema no trabalho porque estão envolvidos com outra mulher, do que trabalham para salvar o seu próprio casamento. E acontece uma grande confusão quando um homem trabalha arduamente na tentativa de fugir da responsabilidade de cuidar do seu lar.

Para um homem que tinha um problema em seu lar, eu disse:
— Aqui está um bom livro para você levar para casa e ler.

Esse livro era "A Família do Cristão", do autor Larry Christenson. Ele pegou o livro com relutância, pois o livro tinha cerca de uma polegada de espessura. Seus olhos quase saltaram quando ele viu o tamanho da obra. Ele estava acostumado a ler gibis, talvez algum jornal, algum livro sobre faroeste, ou então uma ou outra revista — nada muito sério.

Ele, no entanto, pegou o livro. Alguns dias depois, eu estava conversando com ele e sua esposa, e então perguntei se ele havia aberto o livro. Sua esposa respondeu por ele:
— Não — ela disse — naquele dia, ele foi para casa, assistiu o jogo do Atlanta Falcons* por três horas e disse que não tinha tempo para ler o livro.

Alguma coisa me dizia que o departamento mental daquele homem era lento. Lá estava um homem cujo lar estava em perigo. Ele era responsável por seu lar. Estava tendo problemas com sua esposa e seus filhos e, no entanto, por causa de outras coisas, ele não tinha tempo para ler ou estudar e, assim, aprender a lidar com seus problemas. Ele permitia que essas coisas impedissem a resolução dos problemas de sua família e, assim, o levassem a separar-se dela. Ele não estava disposto a gastar o seu tempo com aquilo — não que ele

---
* N. do E.: Time de futebol americano da cidade de Atlanta, Geórgia.

não tivesse tempo. Para ele, o lazer era mais importante que a sua responsabilidade. Se aquele homem realmente quisesse fazer alguma coisa em relação ao seu problema, ele poderia resolver a situação rapidamente, mudando sua atitude.

Costumo conversar com homens que dizem: "Quando minha mulher mudar a atitude dela, eu vou mudar a minha". Acontece que, do ponto de vista de Deus, os homens devem tomar a iniciativa no amor, e o líder homem deve tomar a iniciativa da reconciliação. Não é uma questão de ceder; é uma questão de ser honesto e assumir a liderança conforme a responsabilidade que nos foi dada por Deus. Sua casa pode estar correndo um grande risco neste exato momento, pelo fato de você não tomar nenhuma iniciativa para preencher as lacunas, curar as feridas, fazer as pazes, etc. Deus Pai tomou a iniciativa de nos reconciliar com Ele, porque Ele nos amou muito. Esse é o caminho do amor — é ativo; é espontâneo; toma a iniciativa, não pergunta "e se...?", nem exige que tudo seja feito do seu modo.

"[O amor] não se exaspera, não se ressente do mal; não se alegra com a injustiça, mas regozija-se com a verdade" (1 Co 13.5,6 ARA).

Se você tiver um problema em casa, não corra dele, nem fuja do assunto — incentive um diálogo sobre o problema. No processo de incentivar o diálogo em casa, esteja disposto a ouvir o que sua esposa e seus filhos têm a dizer. Aceite as consequências de seus erros. Esteja disposto a receber ajuda externa caso seja necessário.

Tudo o que o homem precisa fazer para ser mais feliz e bem-aventurado é amar a sua própria esposa.

Neste capítulo, ao estimular o seu ser espiritual a entrar em atividade, minha intenção é fazer com que você pergunte: será que há algo errado em meu casamento? Meu objetivo é ajudá-lo a não acreditar que tudo dará certo em sua família, independentemente de seu comportamento, e também a enxergar a situação de sua família a partir de outra perspectiva: vê-la como Deus a vê.

Espero que você tenha sentido alguma atividade do precioso Espírito Santo de Deus operando em sua vida à medida que você lê estas páginas. Peço a você que esteja disposto a ouvir um pouco mais da voz mansa de Deus à medida que fizer a leitura do próximo capítulo, no qual procuramos aprender justamente o que está errado naquilo que nós, homens, temos feito. Peça a Deus que o precioso Espírito Santo abra seus olhos para que você enxergue quem você é. Uma essência da tragédia é ter vivido e, mesmo assim, nunca ter sabido quem você foi. Sua identidade se baseia em seus relacionamentos. Quando sua vida é vivida "em si mesmo", você é um ninguém, mas "em Cristo", você é alguém. Quando você se inclina diante do precioso Espírito Santo, Ele se torna seu meio de suporte invisível. Se essa experiência com o Senhor não acontecer *em* você, ela não poderá acontecer *através* de você.

O lar deve ser uma miniatura da igreja, e alguém disse que a missão da Igreja é incubar, combinar e despachar. O relacionamento entre o marido e a esposa "incuba" os filhos; depois, os filhos são combinados com Cristo e com um companheiro ou uma companheira de vida. Esse relacionamento é despachado em direção aos relacionamentos deste mundo com as outras pessoas, com a finalidade de compartilhar, de dar e de receber. Esse é o projeto de Deus e, quando somos liderados pelo seu precioso Espírito, nós nos tornamos instrumentos de amor, de paz e de alegria.

O que eu peço a você neste momento não é que você enxergue completamente o que está errado em seu casamento, e sim que você deseje ver o que está errado à luz do Espírito Santo e sob o amor dEle.

TRÊS

QUERIDA, O QUE HÁ DE ERRADO?

Em um determinado final de semana, concordei em conversar com um homem, e assim que nos encontramos, percebi que ele estava muito nervoso e hesitante para conversar sobre aquilo que estava em sua mente. Finalmente, depois de postergar o máximo que pôde, ele deixou escapar:

— Minha esposa ficou com raiva de mim ontem à noite e, hoje de manhã, ela foi para a casa da mãe dela, levando nossos filhos com ela. O que eu quero saber é por que isso aconteceu. O que há de errado comigo?

Ele realmente queria ajuda, e é uma alegria quando um homem procura orientação para o seu casamento — algo que a maioria de nós considera amargo. Como é humilhante para um homem precisar pedir ajuda! Mas uma grande porcentagem dos homens nunca recebeu qualquer orientação sobre a ordem divina a respeito do lar e de como o homem deve ser um líder espiritual — o profeta, o sacerdote e o rei de seu lar.

Ah, as revistas chamativas trazem uma abundância de conselhos sobre como ser o tipo de homem que conquista a esposa, que a influencia e a usa. E, através de conversas que temos com outros homens, ficamos com a impressão de que o casamento deles está indo muito bem, pois eles simplesmente dizem às suas esposas como as coisas devem ser feitas e que, se elas não gostarem, o problema será todo delas. Acontece que esse é um conjunto de desinformações e tem causado danos irreparáveis a milhares de lares.

Voltemos, agora, à pergunta do jovem:

— O que há de errado?

Ele estava disposto a convidar sua esposa para que tivéssemos uma série de sessões de aconselhamento a fim de resolver o que estava errado. Durante a primeira sessão, a esposa disse:
— Não acredito que você me ame.
— Sim, eu a amo, querida. Por que você acha que estou aqui?
— Eu não sei; mas, se esta for a maneira como você demonstra amor, então me desculpe, mas eu não consigo aceitar! — ela afirmou irritada.
— O que você quer dizer com isso? — ele perguntou.
— Quando você chega a casa, começa a beber imediatamente e sequer pergunta como nós estamos — ela declarou.
— Nós estamos enfrentando alguns problemas nos negócios, e eu preciso de algo para relaxar meus nervos — ele disse.
— Pois é, mas você precisa repetir a dose duas ou três vezes?! — perguntou ela em tom de repreensão.
— Preciso, quando você fica gritando comigo, droga! Eu não aguento mais suas reclamações e suas queixas todas as vezes que chego a casa.
— Bem, se você não bebesse tanto, eu não ficaria tão chateada — ela afirmou.

Pude detectar a ira e o medo da mulher à medida que ela falava, e percebi também que o Sr. Jones se mostrava cheio de autopiedade e à procura de uma muleta alcoólica para fugir do problema real.

— Por que é que você se entrega tão fortemente ao álcool? — perguntei — Você está viciado?

— Ah, não — ele respondeu rapidamente, com um óbvio grau de desconforto. Essa foi minha primeira pista para a fraqueza do Sr. Jones e para a grande possibilidade de ele ter mergulhado de cabeça nas garrafas. Claro, depois de adquirir uma falsa coragem com a ingestão de álcool, ele tentava lidar com os problemas de seu lar — mas, a essa altura, a esposa estava furiosa e a ponto de explodir. Então, ao invés de conversarem e ouvirem um ao outro, eles brigavam.

Enquanto eles brigavam, os filhos ficavam juntos num canto desenvolvendo todos os tipos de complexos e ansiedades. Se o Sr. Jones tivesse sido homem o suficiente para responder honestamente a minha pergunta sobre o seu problema com o álcool, dando uma resposta do tipo: "Você está certo, estou começando a ficar viciado nessas coisas, porque não sei como lidar com este tigre que é a minha esposa"; se ele tivesse simplesmente admitido que bebia demais, estaríamos muito mais próximos de conseguir fazer correções em seu casamento; só que, ao invés disso, ele fez o que os homens mais fracos fazem: ele negou.

Ele não era um pai, e sim um papagaio que ecoava a amargura e a raiva de sua esposa.

— Eu não bebo muito, Pregador. Só bebo para me acalmar e para eu poder relaxar a cada noite. Há algo de errado nisso?

— Você sente que precisa beber para ficar calmo? — perguntei.

— Ah, não! — ele negou — só bebo porque gosto, e ninguém vai me dizer quando e quanto eu posso beber. Então, diga a ela para não implicar comigo.

Essa foi a maneira de ele dizer: "mude de assunto", e era fácil ver a sua autopiedade, a sua rebeldia e a sua teimosia. Eu pensei: "Rapaz, esse sujeito será um osso duro de roer. Senhor, me ajuda aqui. O que o Senhor quer que eu faça?".

Tive a ideia de mudar de assunto e fazer uma pergunta para a Sra. Jones:

— O que é o amor para você, Della? Quero dizer, como você interpreta o amor de seu marido por você?

— Eu não sei se entendi bem a pergunta — ela respondeu — eu só acho que, se meu marido me amasse mesmo, ele demonstraria interesse por mim e dedicaria algum tempo para aprender sobre o que eu gosto. E ele também me elogiaria quando eu me vestisse de alguma forma que me fizesse ficar com uma aparência especialmente boa. É isso que você quer dizer?

— Exatamente isso — eu disse — como você acha que expressa seu amor por sua esposa, Sr. Jones? — perguntei. Ele pensou por um momento como se essa fosse uma pergunta realmente difícil e, então, finalmente murmurou:

— Eu trabalho e ganho um salário muito bom, sem falar que compro para ela tudo o que uma mulher poderia desejar — ela sempre quer alguma coisa — e, por isso, eu acho que demonstro amor por ela ao deixar que ela tenha tudo o que quer.

Eu enxerguei uma grande lacuna entre aquilo que a Sra. Jones disse e aquilo que o Sr. Jones disse. A interpretação de cada um sobre a forma como o amor se manifesta estava a quilômetros de distância.

Dirigi-me ao Sr. Jones e perguntei:
— Você acha que existe alguma possibilidade de mudar sua atitude em relação à forma como expressa seu amor pela Sra. Jones e começar dedicar algum tempo a ela, dando-lhe atenção, carinho e elogios?
— De modo nenhum! — ele deixou escapar.
— Aleluia! — exclamei — você finalmente falou a verdade!
— Pregador, o senhor está me deixando confuso. Pensei que você quisesse ouvir que eu mudaria minha atitude — ele confessou.
— Eu quero que você mude sua atitude, mas também quero que você pare de tentar ser "politicamente correto" e comece a dizer o que realmente sente. O casamento se baseia na verdade, na pureza e na fidelidade e, se você não puder ser honesto com sua esposa, consigo mesmo ou com qualquer outra pessoa, você estará realmente em apuros.
— Você não está entendendo, Pregador — ele disse — se eu disser a verdade à minha esposa, ela terá ataques de fúria a cada cinco minutos; então, eu simplesmente mantenho minha boca fechada.
— Sr. Jones, esse é o problema conosco, homens. Somos muito covardes para enfrentar uma crise ou uma batalha mental porque sabemos que estamos errados e somos teimosos demais para admitir. Então, nós simplesmente cedemos e fazemos com que nossas esposas pareçam pessoas ruins. Quando digo que você deve ser honesto, Sr. Jones, quero dizer que você deve falar a verdade sobre si mesmo, seus sentimentos, suas atitudes, seu orgulho, sua autopiedade, seus medos, e então você verá seu casamento começar a ser curado. Por quê? Porque sua esposa respeitará sua honestidade muito mais rápido que suas argumentações, suas desculpas e suas tentativas de parecer sublime.
O Sr. Jones ainda parecia atordoado e confuso. Ele sempre pensou que admitir um problema fosse coisa de "homem frouxo".
— Permitam-me dar uma tarefa a vocês dois — eu disse.
— Quer dizer então que eu terei que lavar os pratos todas as noites ou arrumar as camas todas as manhãs?
— Ah, não, Sr. Jones, não é nada tão fácil. Não estou pedindo que você faça a Patrulha da Cozinha. Estou pedindo que você comece a ser honesto consigo mesmo e com a sua esposa.
— Me dá um exemplo — ele disse.
— *Tá legal*, aqui vai o que eu quero que você faça. Quando chegar a casa à noite, ao invés de correr para a garrafa de bebida em busca de

apoio, corra para sua esposa. Converse com sua esposa, a garota que Deus lhe deu para ajudá-lo. Compartilhe com ela suas ansiedades no trabalho. Conte a ela como você ficou indeciso no momento que contratou ou demitiu aquela pessoa no escritório. Compartilhe com ela seus sentimentos de solidão nos momentos em que parecer que todo mundo está conspirando para tirá-lo de sua posição. Diga a ela que você não consegue lidar com a situação e que precisa de uma palavra de sabedoria de alguém que realmente se importa com você, que o ama e que não esteja tentando lhe derrubar.

— Pregador, se eu fizesse isso, ela riria de mim a ponto de me deixar envergonhado. Uma vez, contei a ela um problema que tive no escritório, e ela resolveu toda a questão em dois minutos. Você sabe que não é tão fácil assim.

— Não senhor, eu não sei. Na verdade, Sr. Jones, eu acho que a resposta de sua esposa estava correta e que ela resolveu o problema com tanta facilidade que você ficou com vergonha e não quis admitir nem dizer: "Obrigado, querida, por sua mente brilhante".

O Sr. Jones estava chocado. Ele nunca havia recebido esse tipo de conselho e, além disso, ele sempre pensou que as esposas fossem animais irracionais que deveriam ser usados como servos domésticos — e jamais que fossem alguém a quem poderíamos confessar ou admitir nossas falhas. Ele sempre desconfiava de sua esposa, pensando que ela também quisesse derrubá-lo. O que nunca havia entrado em sua cabeça dura é que a sua esposa era o seu maior bem e que ela, na verdade, era a resposta para o seu problema. Durante todo esse tempo, ele tinha visto a esposa como o problema, e agora estava começando a entender que talvez *ele* fosse o problema.

— Você deverá fazer essa tarefa para mim, Sr. Jones, e depois pode me dizer como as coisas estão indo na nossa próxima sessão na semana que vem? — perguntei.

— Vou ser honesto com você, Sr. Williams — ele respondeu — isso tudo é muito novo para mim, e acho que não vou gostar disso.

— Isso é ótimo! — disse eu, sorrindo de orelha a orelha — você está começando a compreender. Acredite em mim, eu sei que, no início, você não vai gostar. Mas, se você fizer isso, posso garantir que não irá demorar muito até que você e sua esposa vivenciem um amor e uma alegria muito mais profundos.

Pelo fato de haver muitas dificuldades emocionais nesta pequena família, foram necessários vários meses para que algumas das dificuldades fossem resolvidas, mas, certo dia, depois de aproximadamente um ano, lá estava eu conversando com o Sr. Jones, e ele me disse:

— Pregador, eu realmente pensei que o senhor estivesse louco quando quis que eu admitisse que estava errado e contasse à minha esposa sobre meus sentimentos, sobre meu trabalho e sobre mim mesmo. Porém, é inacreditável a mudança que aconteceu na vida de minha esposa desde que comecei a compartilhar todos os meus pensamentos íntimos e todos os meus temores com ela. Ela é muito doce e atenciosa, e agora raramente resmunga ou se queixa. Desde que passei a ver a mim mesmo como o cabeça de meu lar, com a responsabilidade de dar, e não de obter, minha vida tem sido mais alegre, e eu mal posso esperar para chegar a casa para estar com minha família. Anteriormente, como o senhor me mostrou, eu estava usando o álcool como uma muleta, e isso não estava ajudando nem a mim nem à minha família. Na verdade, o álcool me dava a falsa sensação de elevar meu ânimo, mas me derrubava. Desde que tomei a iniciativa de dizer: "Eu vacilei", percebi que minha esposa e meus filhos ficaram mais tranquilos e aptos a admitir os seus erros sem que eu precisasse apontá-los. Devo, no entanto, confessar, Sr. Williams, eu ainda fico irado quando minha esposa diz o que devo ou não devo fazer.

Ele sorriu quando eu respondi:
— Obrigado por ser honesto!

Nossas esposas exercem uma influência sobre nós — uma influência que pode ser boa ou ruim. Precisamos aprender a discernir as diferentes formas pelas quais nossas esposas nos influenciam. Deus nos responsabiliza por nossas decisões e pela situação de nossos lares.

A história de Adão e Eva nos traz ensinamentos sobre o casamento. Satanás sabia exatamente como chegar a Adão. Ele prejudicou Adão através de sua esposa, Eva. Ela foi a pessoa usada pela serpente. Sabendo que a natureza de Eva era curiosa, habilidosa, esperta, recatada e atraente, Satanás usou a influência dela para convencer Adão a perder a sua alma ao dar ouvidos à sua esposa ao invés de ouvir ao Senhor.

Mas vamos com calma, homens. Não tirem conclusões precipitadas, do tipo: "Eu já sabia que todo esse problema pelo qual estou passando era culpa da minha esposa!". Nós não podemos fugir da responsabilidade tão facilmente. Deus nos fez para que sejamos os tomadores de decisão, para que sejamos obedientes a Ele, o glorifiquemos e desfrutemos a presença dEle. E Ele deu uma esposa a você, para que você tenha um pouco de tempero. Deus usou uma mulher chamada Maria, desposada com José, para começar uma nova geração. José teria se equivocado se não tivesse dado ouvidos a Maria, quando essa jovem doce e inocente disse a ele: "Honestamente, eu não tive nenhum caso com outro homem". E ele teria um problema caso não tivesse dado ouvidos à voz do anjo que disse: "O que nela está gerado é do Espírito Santo [...] e lhe porás o nome de Jesus". O homem precisa perceber que, muitas vezes, Deus se comunica com ele através da esposa e, pelo fato de existir a possibilidade de Satanás também usá-la como uma ferramenta, o discernimento em relação à fonte dessa comunicação (Deus ou Satanás) é de responsabilidade do homem. Você e eu não podemos mais colocar a culpa em nossas esposas; é por isso que o homem deve estar firme na Palavra e não ser hostil à sua esposa.

Há uma verdade que estou começando a descobrir, e espero eu que seus olhos também se abram para ela. Embora os casamentos sejam feitos no céu, o plano de Deus é que eles sejam vividos aqui na terra. Por essa razão, no momento em que o voto de casamento é selado, nós começamos um período de adaptação que dura todo o período em que vivemos neste nosso "traje terreno". A Palavra diz: *Porque o marido descrente é santificado pela mulher (1 Co 7.14)*. Nossas esposas são enviadas por Deus para que nos tornemos mais crentes.

Eu suspeito que você seja como eu — se é que você vai admitir —, eu não gosto de ser corrigido pela minha esposa! Você não fica irritado quando sua esposa faz uma sugestão, tenta lhe corrigir ou mostra onde você errou? Essa não é uma das razões pelas quais você se cala quando chega a sua casa após um dia de trabalho agitado? Isso porque, ao invés de simpatizar com você, ela mostra onde você errou feio, ou então fornece uma solução tão simples para o problema a ponto de você ficar bastante irritado pelo fato de ter sido tão burro. E não se esquive de suas responsabilidades, dizendo: "Bem, ela não faz isso de forma gentil". O erro que nós, homens, cometemos não é uma questão de quem está certo ou errado – é uma questão do nosso ego. Nós temos muito medo de que nosso ego seja pisado e, por isso, escolhemos a "rotina silenciosa" até que a tempestade passe. Naturalmente, isso nos poupa e faz com que a esposa pareça uma idiota. Mas aqueles que agem com sabedoria em relação às suas esposas compreendem que esse é o modo que Deus utiliza para chegar até nós. É melhor permitir que sua esposa faça o que ela tem que fazer – servir como um espelho para ajudá-lo a enxergar a si mesmo – para ajudá-lo a amadurecer. Esse é o modo como Deus opera.

Sou fortemente bombardeado por pontos de vista humanos e satânicos. Por isso, muitas vezes, fico insensível à gentileza do precioso Espírito de Deus a ponto de a minha consciência falhar e eu perder a noção de quem realmente sou. Mas Deus usa os lábios de minha esposa, a quem Ele deu uma influência especial, para falar comigo, para me despertar, para me amadurecer. Meu grande problema é a rebeldia. Meu compartimento de argumentação registra rapidamente uma resposta negativa a qualquer correção que minha esposa ofereça.

Por exemplo, minha esposa recebeu uma revelação de Deus para conversar diretamente com as pessoas pelas quais ela nutria algum rancor ou ressentimento, com a finalidade de contar a elas o que estava incomodando-a, tirar isso do seu peito e, em seguida, dar a elas a liberdade de lidar com o assunto conforme a sua própria maturidade ou falta de maturidade. Isso causa dois belos efeitos: 1) impede-a de precisar contar seus sentimentos para todo mundo; e 2) alivia-a do fardo de carregar tudo em seu coração. Quando ela me disse que eu deveria fazer o mesmo, eu achei excelente, mas, pelo fato de Deus não ter dado a revelação diretamente a mim e de, em algumas ocasiões, minha esposa ter falhado em seguir as revelações que Deus lhe deu, eu me rebelei contra a ideia até obter uma confirmação mais profunda diretamente de Deus. Eu estava agindo de acordo com o velho engano masculino – insistindo que, se Deus tivesse alguma coisa para dizer, Ele falaria primeiramente comigo, e eu passaria a mensagem para os outros membros da família.

Em mais de uma ocasião, ou melhor, em centenas de ocasiões, eu precisei aprender verdades muito básicas com meus próprios filhos. Por exemplo, eu passei um sábado inteiro assentando tapetes de grama no pequeno jardim cercado que fica nos fundos de nossa

Querida, o que há de Errado? 43

casa, onde deixamos nosso cãozinho da raça *poodle*, para que ele não pudesse fugir.

Na manhã seguinte, ou seja, no domingo, coloquei o cachorro no quintal e me arrastei de volta para a cama para cochilar mais um pouco antes de me preparar para ir à escola dominical. Depois de vestir meu traje de domingo, abri a porta dos fundos e vi nosso *poodle* todo coberto de lama. Ele estava brincando com uma bola e já havia arrancado metade da grama que eu levei um dia inteiro para colocar. Meu rosto ficou todo vermelho, e eu comecei a gritar, a fazer um grande estardalhaço e a resmungar com o cãozinho imundo. Meu filho de catorze anos de idade colocou a cabeça para fora da porta dos fundos e disse calmamente:

— Papai, você está louvando ao Senhor?

Durante o café da manhã, eu ainda estava resmungando, e minha esposa Patti perguntou:

— Querido, você está louvando ao Senhor?

Irritado, eu respondi:

— Me dá mais dois minutos.

Nossa família estava tentando aprender esse princípio da Palavra de Deus que é apresentado de uma forma muito bonita por Merlin Carothers em seus livros *Prision to Praise* (Louvor que Liberta), *Power in Praise* (O Poder do Louvor) e *Answers to Praise*; mas, como você pode ver, é preciso que a família inteira trabalhe junta para que cada membro amadureça no amor, na fé e na verdade.

Nesse mesmo dia, minha esposa preparou um bolo para levar ao piquenique anual da igreja e o deixou na mesa da sala de jantar enquanto fomos fazer uma visita. Quando voltamos para casa a fim de pegar nossas guloseimas para o piquenique, minha esposa encontrou o seu belíssimo bolo do tipo Devil's Food Cake pela metade. Não demorou nem um segundo para ela descobrir quem foi o culpado — o *poodle* havia aprontado novamente. Ela começou a gritar e esbravejar com o cãozinho, e todos nós a interrompemos, dizendo:

— Mamãe, você está louvando ao Senhor?

Sua resposta foi:

— Me dá mais dois minutos!

Há muitos homens não crentes — pode ser que você seja um deles — cujas esposas estão sendo usadas por Deus para corrigi-los e para ajudá-los em seu crescimento ou em sua salvação. Um marido não crente me disse certa vez: "Minha esposa me critica destrutivamente como um tigre, e eu não me disponho a ouvi-la sobre qualquer assunto, a não ser que ela fale com amor".

Alguns homens são verdadeiramente cruéis com suas esposas e, depois, quando a esposa não aguenta mais e "perde as estribeiras", eles dão essa desculpa hipócrita. Você diz:

— Bem, e o que dizer sobre o tratamento cruel que minha esposa me dispensa?

— Todas aquelas coisas que você vê em sua esposa e não gosta, ou mesmo sente repulsa, estão ali porque você não reservou um tempo para lidar com cada uma delas. Você culpa sua esposa ao invés de culpar a si mesmo — foi o que eu disse a um homem que estava se queixando de sua esposa. Se eu conversasse com você face a face e lhe dissesse corajosamente o que você está fazendo de errado, você ficaria irritado, da mesma forma como esse homem ficou. Agora, se você pedir que Deus revele a você, Ele irá lhe mostrar. Não estou dizendo que será fácil. Mas os verdadeiros homens de nossa sociedade são os que têm coragem suficiente para deixar brilhar a luz da justiça de Deus em seus corações; aqueles estão sob a autoridade de Deus e se submetem à sua liderança — é assim, e somente assim, que os homens se tornam quem Deus quer que eles sejam.

Deus me revelou que uma das razões pelas quais temos passado por tantas dificuldades em várias áreas da vida é que nosso lar não está da forma como Deus quer que esteja. E pelo fato de você ser o cabeça de sua casa e ter recebido a ordem divina de assumir essa responsabilidade, é que estou lhe contando isso. Você pode se retrair se quiser, ou então dizer qualquer coisa que quiser por meio da argumentação; mas você precisa entender e responder positivamente ao plano de Deus para a sua vida como o cabeça de seu lar, a não ser que você queira ser miseravelmente infeliz.

QUATRO

DE QUEM É A CULPA?

Deus é divino, e o homem é humano; e Abraão não foi uma exceção. Na verdade, Abraão, o pai da nossa fé, pode nos mostrar alguns truques de como agir de maneira desrespeitosa em relação à esposa.

Deus disse a Abraão para deixar o seu próprio país e o seu próprio povo e ir para uma terra que Ele lhe mostraria. Ele fez isso em grande estilo e com uma fé muito nobre – ele foi um herói! Entretanto, *havia fome naquela terra; e desceu Abrão ao Egito, para peregrinar ali (Gn 12.10).* Isso é muito sutil, mas se você olhar mais de perto, vai descobrir que Abraão decidiu por conta própria deixar o lugar onde Deus o havia colocado. Por quê? Porque havia fome – um grande problema. No momento em que as coisas ficaram difíceis, ele decidiu se mudar para pastos mais verdes, levando toda sua família consigo. Isso soa bastante moderno, bastante humano, bastante semelhante a nós.

Enquanto isso, notamos que Abraão não refletiu cuidadosamente sobre sua decisão de se mudar para o Egito e também não conversou com Sara sobre todas as possibilidades, deixando de ouvir os conselhos que sua esposa poderia ter lhe dado – caso ele pedisse. Mais uma vez, espelhados nesta antiga história de um herói, vemos a nós mesmos. Assim como Abraão, nós temos alguma ideia brilhante e, pelo fato de acharmos que nossas esposas irão apontar alguns erros em nossa maneira de pensar, nós simplesmente fazemos o que planejamos, deixando toda a nossa família numa situação infeliz ou miserável.

À medida que se dirigia ao Egito, Abraão deve ter observado as delicadas linhas de sua elegante esposa enquanto ela balançava no ritmo dos movimentos do camelo que montava, o pôr-do-sol atrás dela, o sorriso em seu rosto, seus cabelos longos e esvoaçantes, além de ter admirado a encantadora aparência dela. Então, à medida que se aproximavam da fronteira com o Egito, ele pediu à sua esposa, Sara, para dizer às pessoas que ela era sua irmã. Ele tentou encobrir o seu grande erro com uma meia-verdade (Ela era sua meia-irmã, mas, em primeiro lugar, era sua esposa). Seu pensamento cheio de truques soa bastante atual.

"Ora, bem sei que és mulher formosa à vista; e será que, quando os egípcios te virem, dirão: Esta é a sua mulher. E matar-me-ão a mim e a ti te guardarão em vida. Dize, peço-te, que és minha irmã, para que me vá bem por tua causa, e que viva a minha alma por amor de ti" (Gn 12.11-13).

Por quê? Por que Abraão estava tão disposto a não proteger a sua esposa? Porque esta é a natureza humana. Enquanto seguiam viagem, pode ser que Abraão tenha dito:
— Querida, vamos brincar de um joguinho!
— Ah, eu gosto de jogos — ela pode ter respondido assim.
— Que bom! — disse Abraão — este jogo funciona assim: você diz para todo mundo que é minha irmã, e não pode dizer a ninguém que é minha esposa, e vamos ver se eles conseguem adivinhar.

Esse foi o jogo de Abraão para salvar a sua própria pele. Mas você percebe quão cruel ele foi com Sara? Enquanto Abraão estava recebendo todas as promoções, a sua pobre esposa estava sendo levada para o harém do rei Faraó. Ora, se há uma coisa de que uma mulher não gosta, é de ser usada. Ela deseja ser amada e respeitada como uma pessoa, e não ser tratada apenas como um corpo. Ela acredita que o seu corpo seja somente para o seu marido, e essa troca de esposa está fora de sua aliança.

A essa altura, é possível que você esteja fazendo a seguinte pergunta: "Bem, se ela é tão inteligente, então por que é que não fala para o Faraó que o jogo acabou e vai embora? Afinal de contas, ela não precisa jogar se não quiser".

Mas é aí que nossas mentes masculinas ficam um pouco confusas. Esse é simplesmente mais um método de colocar a culpa na esposa ao invés de admitir que a ideia foi sua. Pense na humilhação e na exposição pelas quais Abraão fez com que a sua esposa passasse, sim-

DE QUEM É A CULPA?

plesmente por causa do seu orgulho, do seu ego e da sua autopreservação. Agora você diz: "Rapaz, que trato injusto Abraão dispensou a Sara! Mas eu não faço esse tipo de coisa!". Mas eu digo que nós frequentemente agimos assim e sequer percebemos. Comece hoje a observar quantas vezes você culpa sua esposa pelas coisas que você mesmo causa.

Um jovem estava me contando como a sua pobre esposa estava administrando o lar. Ele disse:

— Estamos mergulhados em dívidas, e eu sempre pergunto a ela se há algo errado.

— Você deixa sua esposa administrar o dinheiro em sua casa? — perguntei.

— Ah, sim — ele disse — Mas isso vai mudar. Ela nos colocou nessa enrascada, e eu vou precisar de cinco anos para nos tirar desse problema. Ela cozinha, limpa, trabalha e cuida dos filhos de maneiras muito boas; mas, rapaz, ela é péssima na administração do dinheiro!

Se você estiver lendo isso e não vir nada de errado com essa linha de pensamento, é provável que você esteja fazendo a mesma coisa. Em primeiro lugar, veja que o rapaz jamais deveria ter delegado tal responsabilidade à sua esposa. Se um homem tiver a necessidade de receber conselhos na área financeira, ele deve ir a um especialista em finanças, e não jogar a responsabilidade sobre a sua querida esposa. Em segundo lugar, ele está sendo infiel à sua esposa por não acreditar que Deus proverá e que Ele tem uma ordem divina para a casa — uma ordem que esse esposo não está seguindo. "Tudo o que o homem semear, isso também ceifará" (Gl 6.7). Assim sendo, se um homem semear desordem, ele irá colher desordem mais cedo ou mais tarde. Se o homem continuar a resmungar e pensar: "Que negócio ruim eu fiz. Pense em todas as garotas com quem eu poderia ter me casado", ele realmente perdeu a graça de Deus.

Esse pequeno episódio na vida da família de um homem — a família de Abraão — não foi usado para desonrá-lo ou desacreditá-lo de forma alguma, mas simplesmente para mostrar que até mesmo os melhores dentre nós podem ser muito cruéis. Se colocarmos uma auréola em nós mesmos, pensando que nossas esposas são muito sortudas por terem se casado com homens tão bons como nós, estaremos prestes a torná-las infelizes. Oremos para que Deus abra nossos olhos para enxergarmos o tipo de criatura que realmente somos.

Não estou sugerindo que nossas esposas sejam completamente inocentes ou que sempre sejam anjinhos amáveis. Elas podem ser contenciosas, como a esposa de Abraão, Sara, mas isso não nos isenta de nossa responsabilidade como líderes espirituais e sacrificiais de nossas esposas. Lembre-se de que foi esta rainha da beleza de Abraão que disse:

"Eis que o Senhor me tem impedido de gerar; entra, pois, à minha serva; porventura, terei filhos dela" (Gn 16.2).

Ora, nenhum homem em sã consciência acredita que sua esposa está sendo sincera quando diz uma coisa desse tipo, mas Abraão queria apaziguá-la e, quem sabe, se divertir um pouco; então, ele aceitou o nobre sacrifício proposto por ela.

Esse, no entanto, foi o seu grande erro, pois aqui, novamente, o servo de Deus falha pelo fato de dar ouvidos à voz de Sara ao invés de ouvir a voz de Deus. Agora, centenas e mais centenas de anos depois, os descendentes dos filhos de Abraão, Ismael e Isaque, continuam lutando uns contra os outros, e assim será até a volta de Cristo.

Embora Deus tenha perdoado Abraão por esse erro, além de tê-lo abençoado, tornando-o pai de muitas nações, Abraão teve que colher o que semeou – um princípio que nós, homens, temos dificuldade de compreender.

Estou dizendo muitas coisas aqui, mas estamos seguindo a linha de pensamento de que nossas esposas exercem uma tremenda influência, para o bem ou para o mal, e que nós, homens, cabeças de nossas esposas, devemos discernir em espírito a qual influência daremos ouvidos. Isso, devo repetir, só acontece quando concordamos com Deus que somos pecadores, que não podemos seguir esta sua ordem através de nossos próprios esforços e, portanto, morremos para as nossas próprias vontades e confiamos na direção e na orientação do precioso Espírito Santo de Deus.

O que estou pedindo para nós, homens, é que devemos parar de culpar nossas esposas pelos nossos erros e enxerguemos que Deus nos deu nossas esposas para nos ajudar.

"No Senhor, todavia, nem a mulher é independente do homem, nem o homem, independente da mulher" (1 Co 11.11, ARA).

DE QUEM É A CULPA?

"Cristo é a cabeça de todo varão, e o varão, a cabeça da mulher; e Deus, a cabeça de Cristo" (1 Co 11.3).

"E disse o SENHOR Deus: Não é bom que o homem esteja só; far-lhe-ei uma adjutora que esteja como diante dele" (Gn 2.18).

Dia desses, eu estava conversando com um homem e lhe perguntei:
— Há algo de errado?
Ele disse:
— Minha esposa é uma resmungona, uma rabugenta e uma mulher feia e gorda.
— Rapaz... ah, rapaz... você realmente estragou as coisas, não é mesmo?
Ele arregalou os olhos e perguntou:
— O que você quer dizer com isso?
Então, perguntei:
— Você sabe por que sua esposa é uma resmungona?
Ele disse:
— Será que é porque ela não gosta da maneira como eu faço as coisas?
Eu disse:
— Você está certo! Você transformou sua esposa numa resmungona porque não fez o que deveria ter feito no momento em que deveria ter feito. Se você cuidasse de sua responsabilidade como o cabeça do lar, ela não se tornaria uma resmungona. Você sabe por que ela é uma rabugenta? — perguntei.
Ele disse:
— Não — com um tom realmente inocente.
Eu disse:
— É porque quando ela se arruma toda e corta o cabelo, você sequer nota. Você nunca a elogia. Você não percebe, e então ela diz: "Que droga!". Ela desiste e não tenta mais. Essa é a razão pela qual ela é uma resmungona.
Ele disse:
— Bem, e por que ela está feia e acima do peso?
E eu disse:

— Porque ela está frustrada com você como o cabeça do lar. Ela não sabe mais o que fazer, a não ser comer, e essa é a razão pela qual ela está acima do peso. Você fez com que ela ficasse assim. Ela está acima do peso porque você não deu a ela o que ela precisa como uma mulher. Se você não fizer com que ela se sinta linda, a coisa mais linda do mundo, ela ficará frustrada e irá usar a comida como uma alternativa, e será tudo culpa sua.

A crueldade de um homem para com a sua esposa ocorre de diversas maneiras. Estou pensando numa família cujo marido é médico. Ele supre todas as necessidades financeiras de sua esposa e de seus filhos, mas nega a eles a maior necessidade de todas — o seu tempo. Esse homem não tinha o objetivo de magoar sua esposa, nem negligenciou o seu papel como pai propositalmente. Ele simplesmente se viu imerso nas pressões da profissão médica e, ao invés de abrir os olhos para a sua responsabilidade principal como marido e pai, acabou assumindo o papel do "médico necessário" que faz com que outras pessoas fiquem bem. A demanda de tempo de sua profissão poderia ser facilmente controlada, mas seu ego não o deixou enxergar a crueldade de não destinar tempo para a mulher de sua mocidade.

"Não é verdade que Deus criou um único ser, feito de carne e de espírito? E o que é que Deus quer dele? Que tenha filhos que sejam dedicados a Deus. Portanto, tenham cuidado para que nenhum de vocês seja infiel à sua mulher. Pois o SENHOR *Todo-Poderoso de Israel diz: — Eu odeio o divórcio; eu odeio o homem que faz uma coisa tão cruel assim. Portanto, tenham cuidado, e que ninguém seja infiel à sua mulher"* (Ml 2.15-16, NTLH).

Esse homem e muitos como ele se divorciaram (se separaram) mental e fisicamente de suas famílias por causa de sua paixão pelo prestígio em sua profissão e seu ímpeto de fama e fortuna. A sua crueldade é mostrada pelo seu ditado favorito: "Mas eu posso dar a eles tudo o que o dinheiro pode comprar, e não lhes falta nada". Mas a família precisa de algo que o dinheiro não pode comprar — o tempo, a atenção, a consideração e a compreensão do pai. Esse marido, excessivamente envolvido em sua profissão, também pode argumentar: "Mas, veja a grande contribuição que estou fazendo para a saúde e o bem-estar da humanidade".

"Goza a vida com a mulher que amas, todos os dias de vida da tua vaidade; os quais Deus te deu debaixo do sol, todos os dias da tua vaidade; porque esta é a tua porção nesta vida e do teu trabalho que tu fizeste debaixo do sol" (Ec 9.9).

Se nós, homens, trabalhássemos tão arduamente em nosso casamento como trabalhamos na tentativa de impressionar a elite social ou nossos colegas, todos nós teríamos lares espirituais e alegres. Não importa quão bem-sucedido um homem seja em sua profissão ou negócio; se ele falhar no âmbito do seu lar, a verdade é que ele terá perdido a essência de sua existência, que é glorificar a Deus.

"O varão [...] é a imagem e glória de Deus, mas a mulher é a glória do varão" (1 Co 11.7).

O ensino desse versículo da Escritura é bastante profundo — porém, de uma forma muito simples, poderíamos dizer que, quando um homem obedece, confia, ama e serve a Deus, ele se torna a glória de Deus. E isso também vale para a esposa. Quando ela obedece, confia, ama e serve seu marido, ela se torna a glória dele. Mas existe uma coisa que a maioria dos homens tem dificuldade de enxergar. A menos que nos tornemos o rei, o profeta, o sacerdote e a pessoa que toma a iniciativa no casamento, a esposa não terá ninguém a quem responder. Ela só pode honrar seu marido na medida em que ele glorificar o Senhor Deus. É por isso que muitas mulheres dos dias de hoje não estão se sentindo satisfeitas e estão aderindo às iniciativas dos movimentos de liberação das mulheres. Nós, homens, libertaríamos nossas esposas se glorificássemos a Deus da maneira que Ele projetou em sua Graça e em seu Plano. Aqueles de nós que ignoram esse princípio e são incrédulos, infiéis e estão vivendo em suas torres de marfim de orgulho e preconceito são maridos cruéis.

No processo de lidar com os problemas da família, descobri que os homens são muito sensíveis e melindrosos. É preciso ser incrivelmente sutil para não ferir os sentimentos delicados dos homens. Nós, homens, nos incomodamos tão facilmente que, ao invés de lidarmos diretamente com o problema, nós fugimos dele; nós "enrolamos"; usamos todos os tipos de subterfúgios a fim de nos justificarmos.

Por que você é sensível e melindroso? Por causa de seu orgulho. Você não quer admitir que tem um problema, nem está disposto a lidar com ele.

A pergunta que eu tenho é a seguinte: Existe alguma coisa mais importante que salvar e recuperar seu casamento?; Você pode dizer: "Sim, tudo é mais importante". Se você disser isso, estará fugindo do assunto.

Seu ego diz: "Prefiro perder meu casamento a mudar. Prefiro perder meu casamento a me arrepender. Prefiro perder meu casamento a ser descoberto. Prefiro perder meu casamento a admitir que falhei, ou a admitir como sou tolo.

"Vigiai, estai firmes na fé, portai-vos varonilmente e fortalecei-vos" (1 Co 16.13).

Se o seu casamento estiver em apuros, é possível que você tente se justificar culpando alguém ou alguma coisa. Deixe-me citar alguns exemplos do que talvez você esteja fazendo na tentativa de se justificar. Você pode dizer: "A razão pela qual não me dou bem com minha esposa é o meu trabalho. Eu preciso dedicar muito tempo ao meu trabalho, e ela simplesmente não compreende isso. Sendo assim, é o meu trabalho que nos leva a ter problemas". Ou você pode dizer: "Meu problema é que minha esposa é resmungona, é mal humorada". Ou então você usa a sua saúde como uma desculpa: "Eu sou um homem doente". Ou você pode falar sobre seus sogros, ou você culpa seus filhos, seus vizinhos, a sociedade, ou você diz: "Foi a guerra — eu precisei ficar longe de casa durante um ano". Ou você culpa a igreja: "Ela sempre quer que eu vá à igreja". Ou senão você culpa o Senhor: "Deus não me ajudou". Às vezes, o ministro leva a culpa pelo fracasso nos casamentos, ou porque ele não se importou o suficiente, ou porque se intrometeu demais.

Você sempre pode culpar tudo e todos e não enxergar que a culpa é do seu orgulho, do seu egoísmo, da sua teimosia, da sua rebelião, da sua luxúria, ou da sua indiferença.

Agora, deixe-me contar a você o que causa tanta dificuldade para os homens no lar. É o orgulho. Em primeiro lugar, o orgulho o impede de admitir que você tem um problema. Quando converso com as

DE QUEM É A CULPA?

pessoas, geralmente são os homens que não percebem que existe um problema em sua vida doméstica.

Minha esposa e eu conhecemos certo casal há alguns anos. Essa família enfrenta sérios problemas simplesmente porque o marido não enxerga nem admite que precisa mudar algumas de suas atitudes e comportamentos. Ele não foi capaz de assumir a responsabilidade da tomada de decisões, acreditando ser o bonzinho da história ao deixar que sua esposa o fizesse.

Ele não tem qualquer sentimento pelas necessidades de sua esposa como pessoa, além de fazer com que o pensamento dela ficasse distorcido. O orgulho desse homem é tão grande a ponto de ele não admitir que há coisas muito erradas em seu casamento. A atitude que ele exibe é: "Mesmo que houvesse algo errado, isso não teria nada a ver comigo".

O orgulho também nos impede de admitir que não podemos lidar com o problema, mesmo se admitirmos que temos um problema.

Em terceiro lugar, o orgulho nos impede de lidar com os problemas simplesmente porque não queremos melhorar a situação de forma alguma. Pode ser que estejamos sendo "recíprocos" com a nossa esposa, ou estejamos "enrolando", porque não queremos que a situação se endireite. Então, é o orgulho que nos impede de admitir nossas fraquezas, e dói quando lemos sobre elas (mesmo em um livro como este), porque não conseguimos aceitar a verdade.

Tenho recebido alguns comentários e algumas avaliações de pessoas em relação a este livro, uma obra que eu acredito que Deus tenha me inspirado a escrever. Eu estava um pouco nervoso sobre este livro por causa da gravidade do que precisa ser dito e também da relutância dos homens a ouvir a mensagem.

Minha esposa recebeu um telefonema na manhã de segunda-feira, um dia depois de eu ter pregado sobre alguns dos pensamentos contidos neste livro. A ligação veio de uma senhora, membro da nossa igreja, que havia escutado nossos cultos no rádio. Ela disse:

— Eu vou processar o seu marido por plágio, por causa do sermão que ele pregou no domingo passado.

Naturalmente, minha esposa ficou bastante chocada, e sua reação imediata foi: "Ah, não! Aqui vamos nós!", porque a senhora estava falando com muita seriedade.

A senhora disse:
— Isso mesmo, eu tenho pregado este sermão durante 30 anos, e ele o roubou de mim.

Eu tinha a sensação de que muitas esposas não estavam compreendendo os princípios que eu estava apresentando, porque ouvi muitos comentários vindos das mulheres, do tipo: "daqui a pouco, será a nossa vez". Elas estavam ficando um pouco inquietas pelo fato de eu gastar tanto tempo falando sobre os homens e, por isso, pensaram que eu gastaria o dobro do tempo falando sobre elas. Mas isso não era verdade. De fato, a questão é que, se os homens fizessem a parte deles como os líderes do lar, haveria pouca necessidade de eu dizer alguma coisa às mulheres. Então, eu não direi nada a elas, e estou supondo que vocês, homens, entendam o recado e continuem a leitura desses princípios.

Há, no entanto, uma passagem da Escritura que diz: "Vós, mulheres, estai sujeitas a vossos próprios maridos". Eu ensinei isso, e isso é uma verdade, e acredite em mim, há uma necessidade das esposas estarem sujeitas aos seus maridos. Mas homens, eu preciso lhes contar outra verdade; uma mulher não pode se sujeitar a um homem que se deixa dominar mental e emocionalmente por uma mulher, ou um homem que não tem firmeza de caráter, um homem que simplesmente apazigua, um homem que foge dos problemas, um homem que posterga as decisões, um homem que é passivo em todas as áreas de sua vida. As esposas não podem se sujeitar a "nada". Assim sendo, eu acho que, quando você toma a iniciativa, assume o seu papel com seriedade e começa a viver como deve, então sua esposa terá alguém a quem responder e se sujeitará a você com alegria, assim como você se sujeita ao Senhor.

Ouvi outro comentário de um homem que havia sido exposto a esses princípios, mas este havia se divorciado de sua esposa alguns anos antes. Ele disse: "Nem sempre a culpa é do homem. Muitas vezes, os homens fazem tudo o que podem para manter seu lar funcionando". Eu digo que, se isso acontecer com você, e você for divorciado, não tente se justificar ou culpar alguém ou alguma circunstância. Essa não é a maneira de lidar com isso.

Sim, é verdade que, de acordo com a ordem de Deus, não há espaço para o divórcio, mas também não há espaço para o ódio, a amargura, a rebelião, o homicídio, a mentira, etc. Mas, ao pecarem,

De quem é a culpa?

quando fazem tais coisas, os seres humanos são destituídos da glória de Deus. O divórcio está no mesmo nível. Não se trata de um pecado imperdoável. Deus perdoa o divórcio da mesma maneira como perdoa qualquer outro pecado que você cometeu. Se você se arrepender e confessar, Deus irá perdoá-lo e purificá-lo de toda a iniquidade. Aceite isso, depois esqueça as coisas que ficaram para trás, e siga em frente.

Se você se tornou vítima de um lar desfeito através dos poderes de Satanás, confie em Deus, creia que Ele já o perdoou e, em seguida, aceite a verdade divina que estamos tentando ensinar. Ser a liderança do lar é uma responsabilidade do homem; e se o lar se desintegrar, é porque o homem não está desempenhando adequadamente a sua função como líder do lar. Ele não está sendo o profeta, o sacerdote e o rei que Deus ordenou que fosse. Basta aceitar isso como uma verdade e, em seguida, continuar a leitura, porque há várias lacunas no seu argumento que dizem: "Eu fiz tudo o que podia para salvar aquele casamento". Eu poderia mostrar muito facilmente que você não é o líder espiritual do seu lar da maneira como Deus planejou que você seja. Se há uma área em que nós mais falhamos, é essa. Deixamos nossas esposas tomarem a iniciativa na formação e na disciplina de nossos filhos, e, como resultado, o lar enfrenta dificuldades e pode estar próximo de se dissolver. Não porque a mulher é incapaz de fazer o trabalho, e sim porque nós, homens, nos evadimos de nossas responsabilidades e nos desligamos de nosso papel como alunos e professores.

CINCO

COMO SE CORRIGIR

Quando eu ia ao hospital St. Francis para visitar os enfermos, havia uma placa na frente. Eles estavam reformando o hospital, e a placa dizia "Perigo, Usar Capacetes nesta Área". E todas as vezes que eu via aquela placa, ela continuava provocando um impacto em minha mente, de que havia uma mensagem, ali, em alguma parte; então, quando eu começava a pensar sobre nós e a nossa responsabilidade no lar, ocorria-me que essa era uma área de perigo, porque era uma área "para capacetes". Você e eu somos teimosos e não temos vontade de mudar e, por isso, o lar se torna uma área de perigo quando não respondemos ao ensinamento da Palavra de Deus com respeito a sermos o sacerdote de nosso lar. Quando você se flagra orando: "Senhor, modifica minha vida", você sabe que há algo errado em algum lugar. Quem, realmente, precisa mudar? Você, o esposo, é aquele que é teimoso e que não quer mudar. Quando você descobre que sua responsabilidade é ser o sacerdote, doando-se, eis o que acontece: Você sente pés frios, calafrios e um coração frio. Você se rebela contra isso, porque envolve mais do que você está preparado para dar, ou seja, o seu ego.

O seu orgulho ou o seu egocentrismo tem que ser dissolvido, e assim você luta com todas as suas forças para se apegar ao seu ego, e continua procurando outras formas de encontrar paz, prosperidade e glória para seu lar. Porém, não existe glória, nem paz, nem prosperidade permanente para o seu lar, a menos que você seja o sacerdote divinamente ordenado e cumpra a função sagrada que Deus lhe deu.

Se você não tiver cuidado, perceberá que está se rebelando contra sua esposa. Se ela lhe pergunta se você pagou determinadas contas, você explode em raiva: "Esse é um problema meu. Vou cuidar disso!".

Se ela lhe diz que você deve voltar diretamente do trabalho para casa, você faz uma parada na lanchonete da esquina. Se ela lhe pede que ouça o problema de seu filho ou filha, você se irrita e diz: "Você tem mais tempo que eu. Por que você não cuida disso?". Se ela lhe pede que decida o que vocês farão para o Natal ou para a Festa de Ação de Graças, você se rebela. Se ela lhe pede para vigiar o bebê enquanto ela faz alguma coisa, você se irrita – especialmente se estiver vendo um jogo de futebol na TV.

Se ela lhe pede para ajudá-la com algumas das tarefas da casa, como levar o lixo para fora, ou reparar o vazamento de uma torneira, ou cortar a grama, ou pintar o banheiro, ou lavar o carro, ou aparar a cerca viva, ou qualquer outra coisa – você se rebela. Uma esposa pode lhe dar muitas coisas contra as quais se revoltar. Por que você se rebela? Você é teimoso. É o seu orgulho e o seu egoísmo. Você não quer ser controlado. Você não tem um entendimento do seu papel e, por isso, se torna vingativo.

Se sua esposa pudesse conversar com você, ela diria:
– Querido, o que há de errado é o fato de que você é infantil no seu comportamento. Você tem tanto medo de ser controlado, e essa não é minha intenção. Na realidade, eu quero que você tome as decisões de pagar as contas, de disciplinar as crianças, de tomar a iniciativa na sua vida espiritual. Você não faz o que eu quero que você faça, e até mesmo tenta me ferir em troca.

Se você ouvisse a sua esposa, ela continuaria:
– Querido, o que há de errado é o fato de que você não ajuda nas tarefas da casa, com todas as coisas que precisam ser feitas. Você deixa tudo para que eu faça enquanto vai para onde quer que os homens vão, para fugir de suas responsabilidades. Às vezes, você até fica em casa, mas diz: "Estou muito cansado e tenho o direito de não fazer nada, se assim quiser!".

– Querido, o que há de errado é que eu estou perdendo o respeito que tenho por você, porque você não disciplina as crianças. Você sempre diz: "Não sei como fazer isso", ou "Não quero", ou "Esse não é meu trabalho". Mas, querido, é seu papel, como pai, ensinar e instruir nossos filhos na Palavra de Deus. Por que você me empurra essa função? Fico angustiada por ver que você está tão pouco preocupado com o cuidado com as crianças, porque, antes de nos casarmos, você só falava nisso. "Eu quero ter uma casa cheia de filhos", você dizia.

— Querido, você se casou comigo apenas para gerar seus filhos, e instruí-los, e cuidar deles, enquanto você continua com a sua própria vida egoísta? É verdade, você leva o nosso filho para o futebol, mas eu sinto que é mais para exibir o seu filho do que para estar com ele e ensinar-lhe alguma coisa. Eu receio que ele esteja aprendendo o quanto o seu papai pode ser rude quando o time perde, ou quando as coisas não acontecem como ele quer. Você exibe seu filho, mas não lhe dedica atenção em casa, ajudando-o com o dever de casa ou com os problemas da escola, ou com os problemas normais da fase de crescimento. Você não parece se interessar em mostrar a ele como fazer as coisas. É verdade, você lhe diz o que ele deveria estar fazendo, mas, muito raramente, você se envolve no mundo dele. Sim, você tenta disciplinar sua filha adolescente, dizendo a ela: "Filha, lembre-se, seja uma boa menina e proteja o nome da sua família. Não deixe que ninguém a veja fazendo algo errado — você sabe como as pessoas falam".

Nós, homens, somos culpados de não saber como disciplinar nossos filhos, algo que todo pai deveria estudar e aprender como fazer. Nós fugimos desse problema, dizendo: "Cada livro que eu leio é diferente do outro, e ninguém conhece a maneira correta; já que é assim, vou fazer as coisas à minha maneira e deixar do jeito que está". Essa é a típica abordagem masculina para essas coisas, e é isso o que está errado em nossos casamentos. Nós tomamos o caminho mais fácil e usamos a suposição de que, na verdade, não importa o que façamos, e por isso acabamos não fazendo nada. Só que é nossa responsabilidade, como chefes de nossos lares, instruir e disciplinar nossos filhos para que eles possam ser livres — esse é o motivo correto para a disciplina. Os filhos que são disciplinados por seus pais são saudáveis, e íntegros de mente, corpo, e espírito.

Converso o tempo todo com homens que criticam a maneira como a juventude se comporta hoje, mas que se esquecem, convenientemente, o quão pais lamentáveis eles são. Eles dizem algo como: "O problema com este mundo atual é o fato de que esses jovens não sabem como trabalhar. Eles se rebelam e viajam pelo país — diminuindo o seu país e deixando crescer o seu cabelo. Eles deveriam estar cortando o seu cabelo e deixando crescer o país". Os pais que falam dessa maneira não percebem que a culpa é deles mesmos. Os pais ensinam isso a seus filhos e nem mesmo sabem disso. Eles pensam que tudo o que têm a fazer é dizer algo a um filho, e ele o fará. Os filhos aprendem mais por sentimentos, atitudes e exemplos do que por ordens. A Bíblia diz: "Instrui o menino no caminho em que deve andar" (Pv 22.6). Há muito mais na instrução do que há em meras ordens.

Converso com muitos adolescentes e jovens adultos, e eles sempre dizem: "Se papai e mamãe apenas gostassem um do outro, que diferença isso faria!" Quando papai não mostra amor à sua esposa e não exerce nenhum autocontrole, então é muito pouco provável que seus filhos sejam fortes, saudáveis e íntegros quando crescerem.

Neste país, as pessoas sofrem e se magoam todos os dias porque os papais são muito lentos, muito teimosos, muito rebeldes. Cada pai cuja família está em dificuldade diz: "Eu pensava estar fazendo o correto. Eu era sincero no que estava fazendo, mas o que posso fazer agora? Agora é tarde demais". Vou lhe mostrar, em outro capítulo, que não é tarde demais e que existem uma solução e uma saída para o nosso dilema. Porém, agora, gostaria de indicar algumas outras coisas que estão erradas.

Quando um homem não demonstra amor à sua esposa — quando se rebela contra ela e contra a sua função como chefe do lar — quando age de modo egoísta, mas dá a impressão aos que estão observando de que está ouvindo — toda a sua família é prejudicada. O problema aparece nos anos da adolescência e no início da vida adulta de seus filhos.

Um rapaz, nos seus vinte e poucos anos, estava prestes a perder o seu casamento, e, enquanto conversávamos, descobri que, na realidade, ele detestava seu pai porque seu pai tinha esse tipo de caráter passivamente agressivo. Ele dava a impressão de que estava ouvindo, mas fazia o que bem entendia. Ele acalmava a sua esposa e era um homem que não dizia exatamente o que pensava, e jamais adotava nenhuma participação ativa na vida doméstica. O filho reagiu a essa atitude de seu pai de maneira exagerada, a ponto de se tornar um tirano. Ao invés de falar indiretamente, como seu pai fazia, ele falava de maneira cruel, e acabou se tornando um valentão. Seu pai não tomava nenhuma decisão — de modo que o filho tomava todas as decisões sem consultar ou considerar sua esposa. Seu pai raramente se relacionava com sua mãe — por isso, o filho tratava sua esposa como um objeto sexual, dominando-a completamente. O filho estava bastante confuso, pois pensava que, se o que ele estava fazendo não funcionava, e o que o seu pai havia feito era errado, então, onde estava a resposta?

O que estou tentando explicar aqui é que cada geração vacila, porque nós, pais, fazemos exatamente como o papai, ou fazemos exatamente o contrário. E é assim que a coisa continua, de um lado para o outro, uma geração após outra. Se nós, como pais, conhecêssemos as impressões que estávamos provocando em nossos filhos e pudéssemos ver quais seriam os resultados, dedicaríamos muito mais tempo e esforço ao aprendizado sobre como seria o tipo de pai e esposo que Deus quer que sejamos.

Você pode ser um esposo ou pai que tenta disciplinar sua família não exibindo amor, mas você não pode se permitir fazer isso como uma política de "severidade", porque isso leva a situações muito graves. A disciplina envolve muito mais que umas palmadas de vez em quando, ou uma conversa, ou, ainda, a retenção de alguma coisa. A disciplina é um processo de ensino de princípios da vida por meio de exemplos da maneira como você lida com os seus problemas diários, e como você encara a vida de modo geral.

Muitos homens se sentem bastante desconfortáveis no papel de líder espiritual e se escondem atrás das saias de suas esposas. Nós temos que sair e agir abertamente, aceitar nossas responsabilidades e fazer o que Deus pretende que façamos.

Há alguns anos, eu estava numa casa, e a esposa estava se queixando de ter que recolher a bagunça que as crianças faziam quando tomavam um lanche, ou quando tomavam um banho, ou quando jogavam um jogo, ou qualquer outra coisa.

Eu perguntei:

— O que o seu marido faz?

— Ah, ele faz a mesma coisa — respondeu ela — ele reclama com as crianças por causa do que elas fazem, mas ele é o pior que elas.

Eu disse:

— Se o Sr. Day ensinasse os filhos a respeitar sua mãe, mostrando respeito e consideração por ela, apanhando as suas coisas, então você não teria esse problema.

Um pai se queixou:

— Eu conversaria mais com meus filhos, mas eles nunca estão presentes. Eles estão sempre fora de casa ou então fazendo alguma coisa.
Eu disse:
— É muito fácil para você mudar isso!
— Como? — perguntou ele.
— Tudo o que você tem que fazer é jogar com eles, ajudá-los com as tarefas de casa, lavar a louça à noite com sua filha adolescente, convidar seu filho para lavar o carro com você, coisas desse tipo.
— Ah...! — exclamou ele — depois de ter trabalhado o dia todo, eu só tenho vontade mesmo é de ler o jornal ou ver TV. Eu não acho que poderia fazer isso.

Veja você, enquanto nós, homens, fizermos o que temos vontade, sem fazermos um esforço extra ou dedicarmos alguma energia para estarmos com nossos filhos, então continuaremos a ter esses problemas tão profundamente enraizados e o caos em nossos lares. Não apenas nós, homens, fazemos o que temos vontade, mas nem mesmo temos uma boa atitude a respeito das coisas boas que fazemos, ressentindo-nos por cada minuto em que não estamos assistindo *aquele* jogo de futebol, ou quando não estamos no computador, jogando, ou quando não estamos sem fazer nada em nossa pequena oficina.

Em uma das igrejas em que servi, veio ao meu escritório um casal oprimido por ansiedades, raivas e má vontade constante. Eles contaram a história deles a respeito de seu filho adolescente e rebelde — consumo de drogas, furtos, festas loucas, prazeres lascivos na atividade sexual — tudo. Eles queriam *saber o que eles* poderiam fazer. Eu perguntei ao marido:
— O quanto você ama a sua esposa?
Ele pareceu surpreso e um pouco aborrecido, uma vez que viera falar sobre o filho. Ele pareceu desconfortável ao falar de si mesmo.
— Eu a amo, eu ganho muito dinheiro e trabalho feito um escravo por esta família sem graça. Você sabe o que eu quero dizer, eu dou a eles tudo o que o dinheiro pode comprar. Agora, responda-me: como é que pode um garoto sair e fazer uma coisa dessas contra o seu pai depois de tudo o que eu fiz por ele?
Tentei trazê-lo de volta ao assunto e perguntei:

— Sr. B., como é o seu relacionamento com sua esposa? — Ele ainda estava muito aborrecido, e eu percebi que começava a ficar sensível.
— Bem, Pastor, vou ser honesto com o senhor. Nós nos damos bem, desde que minha esposa não me perturbe. Mas, rapaz, quando ela começa a me pressionar, eu me levanto e vou beber um pouco. Eu sei que isso é errado, mas eu não aguento aquelas reclamações eternas.

Eu podia ver que a esposa dele estava começando a se irritar e que o rosto dela estava ficando vermelho, e ela já estava controlando a língua.

— Sempre que eu me atraso para algo, ela começa com aquela coisa de "você-nunca-tem-tempo-para-mim-e-as-crianças". Um homem não tem direito a algum tempo para ele mesmo? Eu trabalho duro, muitas horas, e não preciso marcar ponto em lugar nenhum. Assim, qual é o problema se estou alguns minutos atrasado para alguma coisa estúpida que ela queira fazer?

A essa altura, a Sra. B. estava prestes a explodir, e eu estava começando a ter uma boa imagem da atitude do Sr. B., e, então, eu disse:
— Em outras palavras, você e sua esposa nem sempre se dão bem?
— É isso mesmo, pregador — ele replicou — Mas, é aquilo que eu disse, se ela parasse de me perseguir e de me incomodar, então teríamos um pouco de paz e sossego em casa. Mas o que isso tem a ver com o nosso rapaz, o Pete? Amigo, nós estamos com problemas e precisamos de ajuda.
— Vocês têm outros filhos? — perguntei.
— Sim — resmungou ele — Conte a ele, Sarah. Eu sempre me esqueço dessas coisas.

Eu podia sentir que Sarah estava sangrando por dentro, mas conseguiu se controlar o suficiente para me contar as idades e os nomes dos três outros filhos, todos mais jovens que Pete, o que tinha problemas.
— O que eu quero dizer, Sr. B. — continuei — é que a melhor coisa que vocês podem fazer pelo seu filho Pete e todos os outros filhos que trouxeram a esse belo mundo, é que você e sua esposa se deem bem.

Pude ver a Sra. B. começando a relaxar um pouco, ao ver que eu me aproximava do verdadeiro problema. O Sr. B. ainda não havia percebido o rumo da conversa, nem a conexão entre a atitude dele com respeito à sua função de esposo e pai, e aquela com relação à rebelião de seu filho.

— Posso lhe fazer mais algumas perguntas, Sr. B.? — perguntei.
— O que eu quero saber — ironizou ele — é se isso vai me tirar dessa confusão em que o estúpido filho dela me colocou? Meu amigo, eu tenho uma boa reputação nesta cidade, e eu vou à Primeira Igreja todas as vezes em que não há nada que me afaste dela, e sou membro do Rotary Club e também sou técnico de um dos times desportivos da cidade. Aliás, nós ainda não perdemos nenhum jogo. Eu trabalho muito com aqueles pirralhos. Isso deveria ajudá-lo, hein, pregador?
Eu sorri, embora meu estômago estivesse revirando.
— A propósito, pregador — continuou ele — quais eram aquelas perguntas que o senhor queria fazer mesmo?
— Bem, Sr. B., o senhor já respondeu a maioria delas — comentei. Então, eu olhei nos olhos dele e perguntei:
— Você conhece o Senhor Jesus Cristo?
Ele me dirigiu um olhar muito confuso e disse:
— Eu já disse que vou à igreja sempre que posso. Ei, ei, você não vai começar com aquela coisa religiosa agora, vai? Rapaz, eu não preciso de nenhuma pregação hoje. Tudo o que necessito é que você me diga o que posso fazer para colocar um pouco de juízo na cabeça daquele menino louco da Sarah.
Ele olhou para mim, sorriu novamente e disse:
— Aliás, pregador, eu sei que o senhor gosta de futebol, e eu consegui algumas entradas para o jogo de futebol Flórida vs Geórgia. Eu vou lhe dar por me ajudar, e até mesmo posso aparecer na sua igreja algum dia. Agora, vamos lá, você precisa me ajudar a fazer alguma coisa a respeito desse problema.
Internamente, eu estava louvando ao Senhor por este homem cruel e vulgar, que estava tão cheio de um orgulho que era repugnante, e porque ele havia estragado o seu lar e a sua própria vida. Eu estava pensando: "Obrigado, Senhor, por este homem, e obrigado porque o amas por meu intermédio — porque sabes que eu não consigo amá-lo. Obrigado por me mostrares, agora, como posso ajudar esse homem a ter um conhecimento salvador da tua graça e a confiar em ti como seu Senhor".
Enquanto eu fazia essa oração de louvor, vi o Sr. B. colocar sua cabeça entre as mãos, e depois do que pareceu ser alguns minutos, ouvi que ele começava a chorar. A Sra. B. levantou os olhos com

Como se Corrigir

uma expressão de esperança, levou sua cadeira mais próxima da dele e colocou a sua mão no ombro dele. Senti uma ternura de amor, e, então, ele levantou os olhos, com lágrimas correndo pelo seu rosto, e soluçou:

— Pregador, acho que me comportei como um idiota, não é mesmo? Falando como tenho falado, tentando encobrir o que eu sei que deve ser um pecado no meu coração. Não sei o que está acontecendo comigo, pregador; eu nunca chorei antes, exceto quando meu pai morreu e me deixou sozinho quando eu tinha 13 anos, e eu chorei debaixo das árvores, onde ninguém poderia me ver.

— Sr. B., você percebe que é um pecador? — perguntei.

— Bem, eu pensava ser um sujeito bom quando cheguei aqui, mas, de repente, estou começando a ver que meu coração é tão escuro quanto os sapatos que estou usando. Sim, eu sei que sou um pecador.

— Você sabia que o Senhor Deus fez algo para você, que fará com que esse seu velho coração escuro se torne branco como a neve? — continuei.

Ele pensou por um momento e, então, comentou:

— Quando fui à igreja na última Páscoa, me lembro de que o pregador disse que precisamos louvar a Deus por ressuscitar a Jesus do ventre negro da morte, onde Ele estava, porque Ele havia morrido pelos meus pecados. Mas, vou lhe dizer a verdade, naquela ocasião eu não entendi. O que significa tudo isso?

— Veja aqui — disse eu, quando Deus me revelava uma passagem das Escrituras — deixe-me ler o que Deus disse.

"Mas Deus prova o seu amor para conosco em que Cristo morreu por nós, sendo nós ainda pecadores. Logo, muito mais agora, sendo justificados pelo seu sangue, seremos por ele salvos da ira" (Rm 5.8-9).

— Você quer dizer que, mesmo eu tendo sito tão mau para a minha família, e tendo vivido de modo tão egoísta, Ele vai me perdoar? — perguntou ele, entusiasticamente.

— Sim, mas com uma condição — respondi.

— Bem, se isso quer dizer que tenho que parar de beber, eu não acho que consigo fazer isso — respondeu.

— Não, não é isso — disse eu.

— Eu vou ser honesto com o senhor, pregador. Gosto de ir à igreja de vez em quando, mas se eu tiver que ir todos os domingos, então esqueça — disse ele, intempestivamente.

— Não, também não é isso — disse eu.

Vi que ele se entusiasmou um pouco e entendi que esses eram alguns obstáculos que ele não conseguiria transpor, e então apreciei a honestidade dele.

— Se a condição não é essa, então qual é a condição para que eu tire o pecado do meu coração? — perguntou ele.

Eu havia passado para Romanos 10.9-10, e comecei a ler o texto.

"Se, com a tua boca, confessares ao Senhor Jesus e, em teu coração, creres que Deus o ressuscitou dos mortos, serás salvo. Visto que com o coração se crê para a justiça, e com a boca se faz confissão para a salvação".

Quando parei de ler e levantei os olhos, o rosto dele estava resplandecente, e eu soube que ele havia começado a se deixar levar pela correnteza da graça de Deus para a sua própria vida, e ele disse:

— Você quer dizer que Deus não está me pedindo para mudar, e sim que Ele me ama exatamente como sou e que tudo o que tenho que fazer para me livrar desta enrascada é crer que Deus ressuscitou Jesus dos mortos?

— Isso mesmo — disse eu — Você gostaria de aceitá-lo, agora mesmo, como Senhor da sua vida?

Olhei para a esposa, e ela estava tão emocionada que parecia um árbitro de jogo de futebol que havia acabado de apitar um gol. Meu coração batia forte porque eu sabia que, se ele se humilhasse e confiasse somente em Cristo para a sua salvação eterna, então ele também poderia confiar que Ele cuidaria de cada um dos seus problemas diários, não importando quão terríveis eles parecessem, mesmo esse problema com seu filho, Pete.

— Já decidi, pregador. Sim, eu já decidi! — exclamou ele.

Nem precisei perguntar qual foi a decisão dele, porque havia um suave aroma de vitória naquele pequeno escritório, e eu sei que o Espírito Santo havia vencido, até mesmo com esse homem tão orgulhoso.

— Eu vou fazer isso, vou deixar que Jesus entre no meu coração e vou permitir que Ele seja o Rei! — foi o grito triunfante do homem. Eu pensei: "Aleluia!"

"Salva-nos, SENHOR, nosso Deus, e congrega-nos dentre as nações, para que louvemos o teu nome santo e nos gloriemos no teu louvor" (Sl 106.47).

Nós nos ajoelhamos juntos — ele de mãos dadas com sua esposa — e pedi que ele repetisse esta oração e cresse:

Senhor, confesso que sou um pecador. Eu te agradeço por morreres por mim e por perdoares os meus pecados. Vem agora, Senhor Jesus, ao meu coração. Eu te agradeço porque virás morar no meu coração, e porque me dás o teu Espírito Santo, e porque me dás a vida eterna. Em nome de Jesus, oro — Amém.

SEIS

SOB NOVA DIREÇÃO

Um homem estava em dificuldades com seus dois filhos adolescentes. Um dos rapazes teve problemas com a lei e, enquanto eu estava no tribunal, tentando apenas dar algum apoio moral a eles, bem como procurando atender as suas necessidades, o Sr. Smith perguntou:
— Page, por que Mike está me causando tantos problemas?
Eu sabia que esta seria uma oportunidade para dar testemunho da autoridade de Cristo, e pensei: "Senhor, não sei o que devo dizer aqui; por isso, confio que me dês as palavras corretas a dizer.
— Sr. Smith, posso lhe propor algumas perguntas a respeito do seu relacionamento com Mike? — perguntei.
— É claro — respondeu ele; mesmo assim, percebi que ele não se sentia muito à vontade com a ideia de que eu bisbilhotasse os seus assuntos particulares.
— Mike parece desrespeitar você em alguma ocasião? — indaguei.
— Não apenas parece — respondeu o Sr. Smith — e não é apenas de vez em quando. Ele jamais demonstra qualquer respeito. Não sei mais o que vou fazer com esse rapaz. Ele não chega na hora certa, está deixando o cabelo crescer e não quer cortá-lo, está faltando à escola e, provavelmente, será reprovado... Amigo, eu estou muito cansado dos esquemas dele. Acho que gostaria de vê-lo preso, apenas para tirá-lo do meu caminho.
Nesse momento, eu estava captando alguns sentimentos de animosidade por parte do pai, e eu sabia que havia, definitivamente, atrito e ira acumulados entre pai e filho.
— Como é o seu relacionamento com Deus? — perguntei.
Pude ver o seu rosto mudando, do vermelho de raiva anterior a um branco de espanto. Ele continuou mudando de posições, e, quan-

do se recuperou do choque (a maioria dos homens não espera nem aprecia esse tipo de pergunta), explodiu:

— Bem, pastor, eu não vejo o que isso tem a ver com Mike e o fato de que ele esteja aqui, no tribunal.

Ele estava me dizendo para recuar da maneira mais polida que eu conhecia, só que eu gosto de ir direto ao problema e, por isso, respondi:

— Sr. Smith, isso faz toda a diferença do mundo. Você diria que o senhor e Deus têm uma boa relação um com o outro?

Ele explodiu com palavrões.

— Eu não quero falar de religião agora! Você, com toda certeza, é bastante atrevido. O que está tentando provar?!

Percebendo que eu havia acertado uma ferida e um ponto delicado, pensei: "Senhor, agora tenho um homem irado em minhas mãos; por isso, agradeço por tocares este homem e me usares para falar com ele, mas, por favor, não permita que ele me agrida".

Eu vi o Sr. Smith com o punho fechado e olhei diretamente nos olhos dele e disse:

— Eu não estou tentando provar nada, Sam. Estava apenas me perguntando se você havia conversado com Deus a respeito de si mesmo e do seu problema com o seu filho. Você sabe por que está tão tenso?

O que o Sr. Smith não sabia era que eu havia conversado com o filho dele em várias ocasiões e que ele havia me contado como o seu pai o havia ameaçado e surrado, que seu pai estava tendo um caso com outra mulher casada, como seu pai tratava sua mãe com desrespeito e desgosto, como seu pai se embriagava e ficava fora de casa durante o fim de semana e como a família temia que ele voltasse para casa, por ser extremamente perverso e cruel. O filho se sentia rejeitado e mal amado e sentia que seu pai quase detestava tê-lo por perto.

— Sim, eu sei por que estou tenso — resmungou ele — É porque hoje eu tenho um rapaz estúpido no tribunal quando eu deveria estar trabalhando, e ele está me custando dinheiro e tempo. Depois de tudo o que tenho tentado fazer por esse garoto! E, ainda por cima, você me pergunta se eu conversei com Deus. O que Deus pode fazer a respeito? O que esse menino esperto necessita é ficar na prisão du-

rante alguns meses. Aí, eu aposto que ele vai se endireitar. Mas se ele voltar para casa, eu vou lhe dar uma surra e tanto!
— Isso não parece fazer nenhum bem, não é? — perguntei — O senhor já não tentou isso?
— Você está tentando me dizer, Page, que a oração fará mais do que um pontapé no traseiro? — perguntou ele, com um olhar desconcertado.

Percebi que ele estava sendo sarcástico mas, ainda assim, havia uma possibilidade de que ele realmente quisesse saber e, por isso, eu o levei a sério e respondi:
— Vou lhe contar tudo em que creio. Se você admitir para o seu filho que isso já é demais para você, e que você não tem sido correto com Deus ou com o seu filho, e que você quer se ajoelhar com o Mike e pedir que o Deus Todo-poderoso ajude vocês a resolverem esse problema, então, em poucas semanas, vocês terão eliminado esse problema.

Ele ainda tinha um olhar espantado e desconcertado no rosto, como se uma porta tivesse se aberto para todo um mundo novo — um mundo que ele jamais havia acreditado que existisse e que ele não queria explorar, porque sabia que teria que mudar.
— Mas que ────────────────! Você está louco! Você está dizendo que quer que eu admita que parte dessa confusão horrorosa é minha culpa? — perguntou ele.
— Não — respondi — quero que você admita que é tudo culpa sua e que, na verdade, você, você é o problema.
— Você sabe muito bem ──────────────── que não vou comprar essa baboseira — disse ele — Esse rapaz tem suas próprias ideias, e ele sempre me causou problemas.
— Como você lidava com ele aos dois e três anos de idade? — perguntei.
— Pregador, você faz as perguntas mais estúpidas — retrucou ele — Que diabos, eu não consigo me lembrar, faz muito tempo. Além disso, eu não ficava muito tempo em casa; você sabe que eu tenho que ganhar dinheiro. Não posso ser como você. Você está em casa todo o tempo, não é?

Pensei comigo mesmo: "Obrigado, Senhor, eu precisava disso".

O Sr. Smith é como muitos de nós, pais. Quando somos indiferentes ao papel da autoridade no cuidado com os filhos, por qualquer que seja a razão, então essa qualidade dada por Deus fica distorcida e obscurece a ordem divina para a nossa liberdade e justiça.

Deus estabeleceu a ordem para essa liberdade e justiça nas proibições dos Dez Mandamentos, mas é o quinto mandamento que é afirmativo, que é a pedra fundamental da liberdade humana. "Honra a teu pai e a tua mãe". Isso significa respeitar o papel da autoridade que se encontra na função dos pais. Já que somos filhos de Deus, então nós, como filhos dEle, devemos honrar a sua Autoridade, quer nos seja distribuída da maneira como queremos ou não. Deus é sempre reto e completamente justo; por isso, quando um homem é "controlado" pelo Espírito Santo, ele pode respeitar a autoridade de Deus, que o capacita e qualifica para exercer autoridade. Esse princípio de autoridade é dado por Deus, no seu cuidado providencial e soberano para a proteção e liberdade de indivíduos, famílias, lares e nações. Portanto, se nós, pais, deixarmos de ensinar esse conceito aos nossos filhos, seja por preceito ou por exemplo, então, certamente, a desintegração, a desordem e a destruição serão inevitáveis nessa direção do lar e da nação. O Sr. Smith era um bom exemplo de um pai que estava começando a colher desordem e desobediência por causa do que havia semeado quando seus filhos eram mais jovens.

— Eu é que não vou ficar parado aqui e deixar que você me diga que toda essa confusão é minha culpa. Vocês, pregadores, não têm nada melhor para fazer do que meter o nariz de vocês nos assuntos dos outros?! — reclamou o Sr. Smith.

Como eu havia pedido a Deus que me protegesse de um soco no nariz, e como eu havia conseguido trazer o assunto até esse ponto, senti-me guiado a prosseguir com cautela.

— Sam, se eu observasse você plantar sementes de melancia e imitasse você, quais seriam os resultados em sua opinião?

Sem nenhuma hesitação, o Sr. Smith respondeu:

— Você teria melancias como as minhas.

Então, eu perguntei:

— Se você for desrespeitoso e desobediente ao seu Pai Celestial e o seu filho imitar você, quais serão os resultados em sua opinião?

Ele olhou ao redor, e, então, respondeu:

— Eu não sei o que você está querendo me dizer, pregador, mas acho que estou começando a ver aonde quer chegar. Você quer dizer que, se eu não reconhecer a autoridade de Deus em minha vida, então meus filhos não reconhecerão a minha autoridade sobre eles?

— Sam, você mesmo disse — eu o lembrei — que Mike nunca lhe demonstra nenhum respeito e que tem sido rebelde durante toda a sua vida. Isso acontece porque você não dedicou tempo, como pai, para ensiná-lo a respeitar o papel da autoridade quando ele era mais jovem.

— Bem, quem diria? — disse ele — Isso era o que eu pensava estar fazendo quando o surrei, e o tirei do time de futebol, e o forcei a fazer o que eu mandava.

— Você critica o governo? — perguntei.

— Você sabe que sim. Eu trabalho como autônomo e, quando menos espero, há mais impostos e mais formulários a preencher. Além disso, enquanto eu me mato de trabalhar, o governo está dando o dinheiro dos meus impostos àqueles vagabundos preguiçosos que vivem da assistência social.

— Bem, e o que você me diz dos seus impostos que pagam as autoridades da lei, e este tribunal em que o seu garoto está agora, e a prisão em que ele será colocado? — perguntei.

— Isso é outra coisa — disse ele — Se esses policiais pelo menos fizessem o trabalho deles e deixassem de me importunar quando eu atravesso um farol vermelho, ou quando eu transito em velocidade acima da permitida, ou quando estaciono em local proibido, eu não me importaria.

— O que você pensa das Forças Armadas? — perguntei.

— Acho que são um engodo — respondeu ele num tom insolente — Eu me mato de trabalhar para que esses caras passem pela minha cidade, roubando o meu equipamento para que possam fazer outra "viagem". Rapaz, eu não sei para onde vai este país.

Eu respondi:

— Não é para onde *vai* este país, Sr. Smith; é o que está *vindo* para este país.

— O que você quer dizer? — perguntou.

— Quero dizer que o Senhor Deus está vindo para este país e, quando Ele entrar no seu coração, e no meu coração, e nós nos rendermos à autoridade dEle, então este país estará em ordem, e em paz, e em justiça — respondi.

— Acho que o senhor começa a fazer sentido, pregador — admitiu ele — mas vou ser honesto com você. Não vou me render ao Senhor Deus agora. Sou um homem jovem e há muitas coisas "feias" que gosto de fazer.

— Há muita coisa que eu poderia dizer sobre isso, Sam — comentei — mas deixe-me fazer uma pergunta. Se você não se submeter à autoridade do Senhor e não se render à vontade dEle, como então planeja tirar o seu garoto dessa encrenca em que ele está? E quanto aos seus outros filhos?

Enquanto eu falava com o Sr. Smith, tive uma forte sensação de que ele não havia aprendido esse conceito de autoridade quando criança, porque eu percebia que ele estava infeliz e mutilado em suas motivações e em seus padrões de conduta.

— É para isso que vocês, pregadores, servem, não é? — perguntou ele — Vocês não deveriam brincar com as crianças e ensinar essas coisas a elas?

Senti que esse era um bom momento para injetar uma ideia um pouco mais profunda no diálogo, e, então, respondi:

— O respeito pela autoridade deve ser aprendido desde cedo na vida, além de fazer parte da responsabilidade de um pai. Quando seu filho crescer e amadurecer, ele saberá como respeitar o papel de autoridade em seu líder de escoteiros, ou em seu professor, ou no seu técnico de futebol, ou no oficial que trabalha para manter a lei, ou no seu instrutor militar, ou no seu pastor, ou no seu presidente. Esse é um trabalho para o lar e, já que você está ordenado por Deus para ser o chefe do lar, esse trabalho recai sobre seus ombros.

Abri meu Novo Testamento e li uma passagem de Efésios, enquanto ele ficava em silêncio e ouvia.

"Vós, filhos, sede obedientes a vossos pais no Senhor, porque isto é justo [...] E vós, pais, não provoqueis a ira a vossos filhos, mas criai-os na doutrina e admoestação do Senhor" (Ef 6.1,4).

— Eu pensava que vocês, pregadores, passassem todo o seu tempo na igreja. Mas aqui está você pregando um sermão aqui mesmo, no tribunal — respondeu ele, com um sorriso no rosto.

Soltei um suspiro de alívio e disse baixinho:
— Obrigado, Senhor.
— Vou lhe dizer o que vai acontecer — disse Sam, quando seu advogado virou e entrou pela porta, com Mike ao seu lado — Eu e o rapaz viremos ver você amanhã e veremos se podemos começar a me endireitar.

Ele realmente veio no dia seguinte, e nós demos início a uma série de sessões de aconselhamento que acabaram sendo uma experiência muito benéfica para aquela família. O Sr. Smith veio a conhecer o Senhor de maneira pessoal e, como resultado, sua esposa e seus filhos o viram passar da rebelião contra Deus e a sua família à aceitação da autoridade e da ordem divina para ele, como esposo e como pai.

A princípio, Mike se sentiu um pouco cético, da mesma forma que sua mãe, quando o Sr. Smith lhe contou que estava confiando em Jesus e esperando nEle, dali por diante. Mas o Sr. Smith levou a sério a Palavra de Deus e ouviu Hebreus 12.2:

"[Corramos] olhando para Jesus, autor e consumador da fé, o qual, pelo gozo que lhe estava proposto, suportou a cruz, desprezando a afronta, e assentou-se à destra do trono de Deus".

Quando Sam começou a imitar o exemplo de Cristo, disposto a renunciar a si mesmo e a se envolver totalmente na vida de sua família, então ele também começou a colher as alegrias de um lugar de honra diante dos olhos de sua esposa e filhos. À medida que o Sr. Smith se envolvia cada vez mais na vida de sua família e na família mais ampla de Deus, ele aprendia que havia uma batalha constante entre o Reino de Deus, de justiça, e o reino de Satanás, de maldade e destruição. Ele aprendeu também que esse conflito estava sendo travado dentro dele, na sua alma, e que ele precisava estar constantemente alerta, vigiar, avaliar a situação, fazer uso do princípio da cruz de renunciar a si mesmo.

"Cuidado de que [...] nenhuma raiz de amargura, brotando, vos perturbe, e por ela muitos se contaminem" (Hb 12.15).

Ele aprendeu que, quanto mais aprendia, mais violentas eram as tentações e os ataques do inimigo, e que o adversário usava táticas muito sutis para impedir o testemunho dele como líder espiritual na sua casa.

Certo dia, vi Sam depois de uma aula de estudos bíblicos, e ele disse:

— Page, agora eu sei o que sou!

— E o que você é? — perguntei.

— Eu sou um daqueles teimosos! — exclamou ele — Minha antiga natureza de rebeldia e meu ressentimento contra minha esposa e meus filhos continuam voltando, Page — disse ele — O eu antigo continua voltando à vida.

— Eu entendo o que você quer dizer — comentei, lembrando-me de que, mesmo depois de anos de doutrina da Bíblia e teologia, eu ainda resistia à obra da cruz em meu homem exterior. Esse homem exterior é a minha natureza natural de ser autossuficiente, automotivado, fanático e egoísta. Em outras palavras, eu (ego) gosto de ser "individualista", e é muito, mas muito difícil deixar a posição confortável de senhor de minha própria vida e destino. Sei que isso é verdade na minha própria experiência; por isso, sei que também certamente era verdade na vida de Sam, que ainda tinha um caminho muito longo a percorrer no aprendizado dos caminhos de Deus.

Os caminhos de Deus sempre são difíceis de aprender, até mesmo para aqueles heróis da Bíblia que nós, amadores, consideramos mais heroicos que a própria Bíblia. Eu estou pensando, agora, no caráter de Jacó, que precisou de uma vida inteira sendo "ferido" por Deus para, finalmente, aprender a maneira como Deus opera neste mundo que é dEle. Para mim, é inspirador ler a respeito dos antigos que, muito parecidos comigo mesmo, aprenderam com suas tolices e circunstâncias da vida que a providência de Deus os converteu em "santos" e pais da nossa fé. Foi pela sua fé que eles agradaram a Deus.

"E todos estes, tendo tido testemunho pela fé, não alcançaram a promessa" (Hb 11.39).

Nós, pais, nos tornamos os heróis de nossos filhos. Mas, a menos que eles nos vejam lutando com a autoridade de Deus, em lugar de ficarmos indiferentes a essa autoridade, teremos falsificado a sua fé em nós, e teremos nos tornado "enganadores" como o nosso pai, que, neste caso, será o próprio Diabo.

"Os nossos pais humanos nos corrigiam durante pouco tempo, pois achavam que isso era certo; mas Deus nos corrige para o nosso próprio bem, para que participemos da sua santidade. Quando somos corrigidos, isso no momento nos parece motivo de tristeza e não de alegria. Porém, mais tarde, os que foram corrigidos recebem como recompensa uma vida correta e de paz" (Hb 12.10-11, NTLH).

Quando começamos a ser treinados por Deus, é muito fácil recairmos em nosso antigo modo de ser, que é confortável. O homem exterior é o recipiente do Espírito Santo, que habita no homem interior. Quando, porém, imitamos Satanás, então prendemos o Espírito Santo dentro de nós e dependemos de nossa própria astúcia, vivacidade, intelecto, eloquência e emoções, escolhendo, assim, desobedecer à autoridade de Deus. Certa ocasião, Jesus disse aos líderes judeus que queriam discutir uma questão:

"Por que não entendeis a minha linguagem? Por não poderdes ouvir a minha palavra. Vós tendes por pai ao diabo e quereis satisfazer os desejos de vosso pai; ele foi homicida desde o princípio e não se firmou na verdade, porque não há verdade nele; quando ele profere mentira, fala do que lhe é próprio, porque é mentiroso e pai da mentira. Mas porque vos digo a verdade, não me credes" (Jo 8.43-45).

Assim sendo, eu sabia o que Sam queria dizer quando afirmou que era um teimoso. O Sr. Sam Smith não está sozinho nisso – conheço outro homem que estava se rebelando contra a autoridade de Deus e, por isso, se encontrava afundado até o pescoço em seus problemas em casa. Como substituto para o prazer e a alegria que deveria ter conseguido em sua casa, ele buscava freneticamente o prazer em várias experiências sexuais extraconjugais. Sempre que os homens fazem isso, acabam com um substituto insuficiente e com um acréscimo de infelicidade. Assim foi no caso deste homem, pois ele perdeu o seu emprego, a sua família e os seus amigos. Foi um preço muito alto a pagar por alguns momentos fugazes de prazer.

"E ninguém seja fornicador ou profano, como Esaú, que, por um manjar, vendeu o seu direito de primogenitura. Porque bem sabeis que, querendo ele ainda depois herdar a bênção, foi rejeitado, porque não achou lugar de arrependimento, ainda que, com lágrimas, o buscou" (Hb 12.16-17).

Deus lhe deu uma mulher justa para atender todas as suas necessidades; mas se você a abandonar e também abandonar a Deus, acabará perdendo o direito à sua herança e o seu direito de ser a autoridade para ela. Se você trocou o seu direito de autoridade por um momento passageiro de prazer para satisfazer uma necessidade biológica ou emocional, então você traiu, verdadeiramente, sua esposa, seus filhos e até a si mesmo.

Quando um homem é dominado por alguma falha, há uma saída para a situação. Muitos deixam de percebê-la porque é uma solução muito simples. Entenda que Deus ama você exatamente como você é e que Cristo pagou pelos seus pecados. A obra de Cristo na cruz propiciou um relacionamento correto entre você e Deus — mas você precisa reconhecê-lo, crer nEle e responder positivamente a Ele.

"Se confessarmos [admitirmos] os nossos pecados, ele [Deus] é fiel e justo para nos perdoar os pecados e nos purificar de toda injustiça" (1 Jo 1.9).

Em primeiro lugar, devemos ser obedientes ao que Deus diz que devemos fazer. A maioria dos homens com quem tenho tratado a respeito desse assunto sente que a forma de lidar com o seu problema é doar uma quantia substancial de dinheiro à igreja, mas essa não é a solução. Em vez disso, admita, perante Deus, que você está errado. É simples. Não há necessidade de barganhar com Deus, não há necessidade de implorar a Deus, não há necessidade de tentar subornar a Deus com algum turbilhão de atividade religiosa. Basta dizer: "Está bem, Senhor, eu agi assim e errei". Você nem precisa derramar lágrimas amargas. Na verdade, você pode até mesmo se sentir bem com o fato de ter sido infiel, mas Deus quer lhe ouvir admitir que isso foi errado, que você pecou, que você é um "fabricante" de pecados. Em segundo lugar, você precisa perceber que Deus não vai lhe dar nenhum trabalho detestável para fazer, para compensar sua desatenção e sua iniquidade. Não há necessidade disso, uma vez que toda a ira de

Deus já foi abrandada "em Cristo", quando Ele levou todos os nossos pecados naquela cruz, no Calvário. Se você é um homem que prejudicou o seu relacionamento e se separou da família de Deus, um homem que traiu a si mesmo e está no chiqueiro, encurralado e amargurado no mercado de escravos do pecado — um imbecil espiritual — então, absorva a Palavra de Deus e não se embriague com vinho, pois nele há desorientação, mas, em vez disso, seja cheio do Espírito Santo. Quando você confessa, Deus limpa e purifica com o sangue de Cristo, e aquela alma de chiqueiro se torna um templo sagrado onde o Espírito de Cristo fará residência para governar sua mente, suas emoções, sua vontade, além de anular sua antiga natureza de luxúria e egomania.

Por que não dedicar um momento, agora mesmo, para solucionar este problema — este problema em que você se meteu? Talvez, você tenha sido infiel à sua justa mulher; talvez, você tenha negado seu papel de autoridade em sua casa; talvez, você tenha se envolvido excessivamente nos negócios, ou então esteja preso num círculo vicioso de trabalho secreto — tentando cobrir suas apostas com dinheiro roubado de acordos ilegais e ilegítimos. Pode ser que você esteja cometendo os pecados terríveis da preocupação, do temor, do ódio, da vingança, da autopiedade, do ciúme, e assim por diante. Você pode cometer mais um pecado, agora mesmo, que é a rebelião e a teimosia; mas, se você fizer isso, permanecerá na sua desgraça, até que decida confessá--lo. Esta é a maior queixa que eu ouço das esposas — elas dizem que nós, homens, somos teimosos demais para admitir nossos erros, além de rebeldes demais para ouvir quando sabemos que elas estão certas. Você poderia começar agora mesmo, fazendo a você mesmo o maior favor de sua vida, abrindo a Palavra de Deus e dando-se a você mesmo, como um instrumento de Deus. Repita esta oração com fé:

Senhor, confesso que sou um pecador. Eu convido a ti para me encheres, agora, com o teu precioso Espírito Santo. Aleluia! Obrigado. Em nome de Jesus, Amém.

Certo domingo, ouvi alguns homens conversando no corredor da igreja, e foi isto o que ouvi:

— Vocês sabem que eu nem sempre fui um frequentador da igreja. Desde que minha esposa e eu nos casamos, dez anos atrás, ela vem me importunando para ir com ela e as crianças à igreja e conversar com um ministro. Eu pensava que os ministros fossem desagradáveis, mas, finalmente, eu me cansei de ter minha esposa me importunando e decidi ver o que era tão importante que um ministro pudesse ter a me dizer. Eu fui ao seu escritório como um homem perdido e saí de lá salvo. Vocês sabiam que esta é a primeira vez, em toda a minha vida, que estou em paz? Quero dizer, realmente em paz com Deus, com minha família e comigo mesmo. Esta é uma ocasião em que estou feliz por ter ouvido minha esposa.

Enquanto eles andavam pelo corredor, eu o ouvi perguntar:
— Sua esposa já tentou fazer você conversar com um ministro?

As esposas são colocadas numa posição muito complicada porque devem estar sob a autoridade de seus esposos. As suas vidas espirituais e a sua proteção das forças satânicas são dependentes de seus esposos, de modo que, quando deixamos de oferecer a autoridade e a direção espiritual apropriadas, elas devem sofrer as consequências. Portanto, não é de admirar que as esposas estejam ansiosas para que vejamos a luz e vejamos a crueldade de negligenciarmos o papel da autoridade espiritual. Nós, homens, deixamos às nossas esposas duas alternativas — ou elas têm que sofrer silenciosamente os maus tratos de um esposo egoísta demais em relação às palavras, ou então elas têm que importunar, e se rebelar, e lutar pelos seus direitos.

Se você estiver irritado porque sua esposa quer que você assuma a autoridade espiritual do seu lar, então você é uma imitação ímpia e infeliz de homem.

"Vós, maridos, coabitai com ela com entendimento, dando honra à mulher, como vaso mais fraco" (1 Pe 3.7).

Não é contra a sua esposa que você está lutando quando tenta negar a ela a proteção espiritual de um homem piedoso: é contra o próprio Deus. Pois o Senhor ordenou que o homem seja responsável pela esposa e responsável diante de Cristo. Por isso, eu posso lhe dizer, de maneira inequívoca — você é quem perde, caso se rebele contra a Lei de Deus. E eu posso lhe dizer também, com a mesma certeza, que, se você se colocar sob a autoridade de Cristo e assumir suas responsabilidades como líder espiritual de sua esposa, você, então, será um vencedor.

Jesus disse: "O Filho do Homem não veio para ser servido, mas para servir". Foi quando Jesus soube "que o Pai tinha depositado nas suas mãos todas as coisas e que havia saído de Deus, e que ia para Deus" que Ele enrolou uma toalha ao redor do seu quadril e começou a lavar os pés dos discípulos e a enxugá-los com a toalha.

Agora, deixe-me propor uma pergunta. Quantos homens você conhece que são suficientemente fortes, vigorosos e seguros para servir sua família, assim como Cristo serviu esses discípulos, que foram a sua família escolhida? Deixe-me tornar a pergunta mais pessoal: Você serve a sua família ou faz com que sua família sirva a você? Você acha que é um pai ou marido excelente porque você se exaltou como um rei na sua família? De acordo com a divina Palavra de Deus, sua grandeza resulta de ser um servo, e não de ser servido.

"Entre vocês, o mais importante é aquele que serve os outros. Quem se engrandece será humilhado, mas quem se humilha será engrandecido" (Mt 23.11-12, NTLH).

Outro dia mesmo, eu estava numa festa, quando ouvi um marido imprudente dizer à sua esposa:
— Eu sou o rei nesta casa. Vá e traga-me mais doces.
Daí, ele sorriu, virou-se para mim e disse:
— Não é verdade, pregador?
Veja você, nós, homens, somos tão egocêntricos, que somos inseguros até mesmo com a ideia de sermos um servo. É preciso coragem para que um homem sirva à sua esposa ou aos seus filhos, porque os que estão à sua volta dirão que ele é covarde, e nenhum homem deseja ser covarde. Mas há uma diferença entre um homem que é covarde e um homem que é um servo. Um esposo que ama tanto a sua esposa, a ponto de ter expulsado o amor próprio do trono, faz tudo o que estiver em seu poder para atender as necessidades de sua esposa. Ele a serve, como um servo, de bom grado e com graça e alegria, porque ele ama a esposa e não a si mesmo. Mas o homem que é covarde é um indivíduo fraco que permite que sua esposa o incomode e, naturalmente, isso é desagradável.

O que precisa ficar tão claro quanto possível é o fato de que o homem que pensa ser grande por ser servido por sua família está em desacordo com o conceito bíblico de autoridade. Jesus tinha toda a autoridade, mas, ainda assim, humilhou-se como um servo dos homens, chegando ao ponto de morrer uma morte de criminoso, em uma cruz cruel.

"Pelo que também Deus o exaltou soberanamente e lhe deu um nome que é sobre todo o nome" (Fp 2.9).

O melhor marido e pai é aquele que melhor serve e cuida de cada necessidade e de cada detalhe de sua família. Assim, ele está de acordo com o plano de Deus e, como resultado, será exaltado por Deus e pela sua família a uma posição de honra, para a glória de Deus, que é o melhor Pai de todos.

A maioria dos homens tem medo de acabar fazendo todos os sacrifícios e todo o trabalho. Esse medo os leva a duvidar da obra de Deus, e assim eles deixam de seguir em frente, acovardam-se e voltam ao seu velho caminho de egocentrismo, um caminho que Deus nunca pretendeu que eles trilhassem. Disse-lhe Jesus: *Eu sou o caminho, e a verdade, e a vida. Ninguém vem ao Pai senão por mim (Jo 14.6).* Você e eu dizemos como Filipe: *"Senhor, mostra-nos o Pai, o que nos basta" (Jo 14.8).* É da natureza do homem desejar provas, desejar ver e sentir com seus próprios sentidos. Se, porém, um homem não puder seguir adiante com fé, não poderá agradar a Deus. Não é que Deus não queira que tenhamos provas — há abundância de provas disponíveis para que todos os homens vejam — mas é somente pela fé que o homem é capaz de vê-las.

Somos como Tomé, "o gêmeo". Somos como o seu gêmeo, pois queremos provas. Mas Jesus disse a Tomé e também nos diz: *"Põe aqui o teu dedo e vê as minhas mãos; chega a tua mão e põe-na no meu lado; não sejas incrédulo, mas crente" (Jo 20.27).* Depois que tivermos provado esses princípios de Jesus, então nossa resposta será como a de Tomé. "Senhor meu, e Deus meu!" Então, o que estou dizendo é que chegamos a Deus e à nossa herança por intermédio de Jesus, porque Ele é o Caminho, a Verdade e a Vida. Se Jesus é a Verdade, então devemos prestar atenção; do contrário, perderemos a vida abundante que o Senhor preparou para nós, antes mesmo que nascêssemos.

"*Em quem temos a redenção pelo seu sangue, a remissão das ofensas, segundo as riquezas da sua graça, que Ele tornou abundante para conosco em toda a sabedoria e prudência" (Ef 1.7-8).*

Em outras palavras, este princípio de ser um servo nos é dado em benefício dos nossos melhores interesses, como esposos e pais, e, se crermos nEle e permitirmos que Jesus seja Senhor de nossas vidas, então Deus derramará sobre nós todas as riquezas da sua graça.

Toda a autoridade foi dada a Jesus, porque Ele foi à cruz e sofreu a morte de um criminoso. Mas nós somos os criminosos porque cometemos uma grave infração à Lei de Deus, que diz que devemos amar nossas esposas como Cristo amou a igreja e se entregou por ela. Se você e eu formos à cruz de Cristo com fé e morrermos, então Deus nos ressuscitará e nos dará toda a autoridade, assim como Ele a deu a Cristo.

Jesus perguntou aos seus discípulos: "Podeis vós ser batizados com o batismo com que eu sou batizado?", quando queriam ser elevados a uma posição de autoridade, e eles disseram: "Podemos". Embora não soubessem o que estava envolvido nesse batismo, estavam dispostos; Jesus, porém, teve que lhes dizer: "Qualquer que, entre vós, quiser ser o primeiro, que seja vosso servo". Assim sendo, se você for um servo na sua própria casa, então será um servo feliz, pois estará imitando a Cristo. Você estará ajudando sua família, sua casa; você será diferente dos outros homens, pois não dominará sua família. Nós somos servos de nós mesmos e de Satanás, ou então somos servos do Senhor. Se formos servos de nós mesmos, então seremos muito infelizes e confusos; mas se formos servos de Jesus e de nossos lares, então estaremos celebrando com uma festa e um banquete nos quais comparecerão os anjos e o próprio Deus. Seu lar é uma experiência festiva e gloriosa quando sua autoridade vem do reconhecimento de quem você é, um filho e herdeiro do Pai Todo-poderoso, por meio do serviço.

"*E, no mesmo instante, apareceu com o anjo uma multidão dos exércitos celestiais, louvando a Deus e dizendo: Glória a Deus nas alturas, paz na terra, boa vontade para com os homens!" (Lc 2.13-14).*

De acordo com o cântico dos anjos, há paz na terra e, portanto, em nossos corações e lares, quando agradamos a Deus.

"Ora, sem fé é impossível agradar-lhe [a Deus], porque é necessário que aquele que se aproxima de Deus creia que ele existe e que é galardoador dos que o buscam" (Hb 11.6).

"Senhor meu, e Deus meu!", exclamou Tomé, quando Jesus lhe disse que fosse "crente". Com otimismo e reverência, esta será a sua resposta, quando você ler isto. Você dirá:

Está bem, Senhor, eu creio. Eu vou confiar que tu sabes o que estás pedindo, e agora vou começar a renunciar a meus desejos egoístas e começar a servir minha família com amor e alegria. Amém e amém.

Neste capítulo, tentamos ajudá-lo a ver mais claramente o seu papel de autoridade e como ele lhe vem. Você rejeita esta autoridade porque não tem vontade de renunciar ao seu ego, nem está disposto a ser um servo para seu Senhor e sua família. Você ainda não percebeu a recompensa que virá quando se humilhar na atitude apropriada para tornar-se, para a sua esposa, o que Cristo tornou-se para a Igreja. Quando você estiver sob nova direção, seu lar também estará, e sua estrutura familiar adquirirá uma nova forma — uma ordem divina que permitirá você colher as glórias que Deus lhe destinou.

No próximo capítulo, procuraremos responder sua pergunta: "Querida, o que você quer que eu faça?". Para responder essa interrogação, sua esposa poderá dizer: "Eu quero que você seja o que Deus deseja que você seja".

O primeiro capítulo da Bíblia nos deixa nesse ponto, dizendo-nos que fomos criados à imagem de Deus (Gn 1.26). Essa imagem ou essência é como o próprio Deus. Você tem uma mente com a qual pode raciocinar, uma vontade com a qual pode tomar decisões, além de emoções com as quais pode sentir e se expressar. Sabendo disso a seu próprio respeito, você poderá entender que pode se relacionar com Deus, o seu Criador, Salvador, Senhor e Guia. Você pode falar com Ele e ouvir quando Ele falar com você. Você, acima de tudo, é o objeto do seu amor infinito, e você responde a isso amando-o em retribuição, por intermédio dos outros — sua família imediata, bem como a família mais ampla de Deus. Sendo obediente ao caminho de Deus para sua vida, você pode fazer o que quiser sem se preocupar com o que os outros pensem, pois Ele está contando que você viverá por Ele e para Ele, em sua posição pequena, porém importante. Onde você fracassar, o Reino (o Governo de Deus) não terá efeito em sua vida. Onde você não permitir que brilhe a luz do precioso Espírito de Deus, haverá trevas. Dessa forma, Deus precisa que você faça o que Ele quer, o que envolve muito mais do que você tem ciência, nesta ocasião.

Um homem de Deus não é apenas um pregador. Ele é o homem que é responsável diante de Cristo e que procura estar no lugar que Deus prescreveu ou ordenou para ele.

SETE

ESPOSA, VIDA E MORTE

O rei Davi nos fornece outro exemplo de como nossos heróis agem. Certa tarde, Davi teve dificuldades para dormir; então, ele se levantou para caminhar pelo terraço da casa real. Lá do terraço, ele podia ver toda a cidade. *"Viu do terraço a uma mulher que se estava lavando" (2 Sm 11.2)*. Outro ungido de Deus caiu. Ele se permitiu sonhar acordado, e a fantasia dele o levou a uma luxúria irrestrita. Davi enviou um mensageiro para descobrir quem era aquela linda mulher. Embora fosse a esposa de Urias, um dos soldados da infantaria de Davi, ele mandou chamá-la. Davi estava dominado pela formosura de Bate-Seba. Ela voltou para casa e, com o passar do tempo, *"concebeu, e enviou, e fê-lo saber a Davi" (2 Sm 11.5)*.

Em seu palácio, Davi entrou em pânico. Ele tentou encobrir o pecado dele e mergulhou cada vez mais em problemas. O seu momento fugaz de fantasia converteu-se num pesadelo para ele, porque o Senhor sentiu desprazer nisso. Ele enviou o profeta Natã para contar a Davi a seguinte história:

"[...] Havia numa cidade dois homens, um rico e outro pobre. O rico tinha muitíssimas ovelhas e vacas; mas o pobre não tinha coisa nenhuma, senão uma pequena cordeira que comprara e criara; e ela havia crescido com ele e com seus filhos igualmente; do seu bocado comia, e do seu copo bebia, e dormia em seu regaço, e a tinha como filha. E, vindo um viajante ao homem rico, deixou este de tomar das suas ovelhas e das suas vacas para guisar para o viajante que viera a ele; e tomou a cordeira do homem pobre e a preparou para o homem que viera a ele. Então, o furor de Davi se acendeu em grande maneira contra aquele homem, e disse a Natã: Vive o SENHOR, que

digno de morte é o homem que fez isso. E pela cordeira tornará a dar o quadruplicado, porque fez tal coisa e porque não se compadeceu" (2 Sm 12.1-6).

Então, disse Natã a Davi: Tu és este homem. Deus usou Natã, o profeta, como um instrumento para que o precioso Espírito Santo operasse no coração de Davi. Esperamos que este livro sirva ao mesmo propósito, sendo um instrumento para que o Espírito Santo lhe convença do fato de que *você* é "este homem". Você é quem precisa mudar. Minha oração é que você responda à obra do Espírito Santo como Davi, quando ele orou:

"Eu conheço as minhas transgressões, e o meu pecado está sempre diante de mim. Contra ti, contra ti somente pequei, e fiz o que a teus olhos é mal, para que sejas justificado quando falares e puro quando julgares [...] Cria em mim, ó Deus, um coração puro e renova em mim um espírito reto [...] não retires de mim o teu Espírito Santo. Torna a dar-me a alegria da tua salvação e sustém-me com um espírito voluntário. Então, ensinarei aos transgressores os teus caminhos, e os pecadores a ti se converterão [...] a minha boca entoará o teu louvor [...] Os sacrifícios para Deus são o espírito quebrantado; a um coração quebrantado e contrito não desprezarás, ó Deus" (Sl 51.3,4,10-12,15 e 17).

Ali estava o rei Davi, o nosso herói, como um membro e ancião da Primeira Igreja, um entendedor, um técnico da liga infantil, um membro da sociedade — todas essas coisas e, ainda assim, ele estava de joelhos, admitindo ser o pecador que era. Este Davi, em todo o seu esplendor, era o nosso herói. Ele poderia até mesmo ter continuado a ser o nosso herói se tivesse recuado de seu caso com Bate-Seba, mas como ele pode ser nosso herói quando admite estar errado? Por que ele não poderia ter raciocinado? Ele poderia ter usado a pressão de estar em todos aqueles clubes, a pressão de estar na guerra, a pressão de estar em casa o dia todo, a pressão de ser um homem famoso. Se Davi tivesse sido o homem que a sociedade desejava que ele fosse, certamente ele poderia ter lançado a culpa sobre alguém ou alguma coisa, por sua tolice e fantasia. Mas não, este sujeito tinha que ser sobre-humano, até mesmo nesta acusação. Ele confessou ao profeta Natã, e o profeta respondeu:

Esposa, Vida e Morte

"*Também o* Senhor *traspassou o teu pecado; não morrerás. Todavia, porquanto com este feito deste lugar sobremaneira a que os inimigos do* Senhor *blasfemem, também o filho que te nasceu certamente morrerá [...] Eis que suscitarei da tua mesma casa o mal sobre ti*" *(2 Sm 12.13-14,11)*.

Até mesmo esse grande sujeito, esse herói, teve que colher o que plantara, mas ele recebeu o perdão de Deus. Ele teve comunhão com o Todo-Poderoso e recebeu as bênçãos de Deus.

Quando este mesmo Davi, em sua velhice, estava entregando o seu reino, ele disse a Salomão, seu filho:

"*[...] Esforça-te, pois, e sê homem. E guarda a observância do* Senhor, *teu Deus, para andares nos seus caminhos e para guardares os seus estatutos, e os seus mandamentos, e os seus juízos, e os seus testemunhos, como está escrito na Lei de Moisés, para que prosperes em tudo quanto fizeres, para onde quer que te voltares. Para que o* Senhor *confirme a palavra que falou de mim, dizendo: Se teus filhos guardarem o seu caminho, para andarem perante a minha face fielmente, com todo o seu coração e com toda a sua alma, nunca, disse, te faltará sucessor ao trono de Israel*" *(1 Reis 2.2-4)*.

O rei Davi estava mostrando ser homem, quando estava de joelhos, dizendo: "Senhor, *eu* fiz isso".

E quanto a você? Por que não ir em frente e ser um verdadeiro homem — confessar seu pecado — reconciliar-se com Deus — colocar-se de joelhos e pedir a Deus que Ele abra os seus olhos, o seu coração, a sua vontade, para que você consiga mostrar que é um homem?

Em grande parte do que eu escrevi, você não se viu sendo rebelde em relação à sua esposa? Você não mostrou ser mais rebelde que homem? Você não tem sido tão falsamente moralista, a ponto de ser insuportável? Sua soberba não impede que você se incline diante de Deus e admita quão inadequadamente você tem agido, como esposo e como pai? Sua autossuficiência não tem impedido você ser dependente de Deus, dizendo a si mesmo: "Quem precisa de Deus?"? Você não tem sido indiferente e ineficaz em seu papel de esposo e pai?

Esse Espírito Santo pelo qual você e o rei Davi oram é um tesouro em nós, que somos vasos de barro. Mas Ele, o Espírito Santo, não pode ser liberado enquanto estiver preso pelo nosso ego. Se orarmos pedindo a Deus que Ele nos quebrante, então esse precioso Espírito Santo nos dará a capacidade adequada para agradarmos a Ele e, assim, agirmos como verdadeiros esposos e pais.

Quando nós, homens, tentamos tomar as coisas em nossas mãos, realmente colocamos o mundo de Deus em uma confusão. Minha oração é para que Deus o ajude a transbordar de alegria nEle, pelo poder do Espírito Santo que habita em você.

Foi o Espírito Santo que trouxe ordem do caos na criação, e Ele pode fazer isso agora, começando hoje, na sua família. Foi o Espírito de Deus que soprou vida no homem, e o homem se tornou uma alma viva. É o mesmo Espírito Santo que opera hoje, e Ele pode trazer sua alma e sua família de volta à vida, se você simplesmente disser:

Sim, Senhor Jesus. Eu admito a minha natureza pecadora. Agradeço a ti por me limpares, me purificares e também por perdoares meus pecados, e te agradeço por vires ao meu coração e à minha casa. Peço-te, Senhor, que faças residência no meu coração, para que eu possa ser o líder de minha casa.

Deus dá um reino a cada homem que se casa, e este é responsável pela maneira como opera nesse reino. Se você tem operado no seu reino na área do domínio "próprio", então seu ego deve ser condenado à morte. (Veja 2 Samuel 12.5).

Como pode um homem morrer para si mesmo? Isso não é algo que um homem faça a si mesmo — é uma questão de crucificação. Nenhum homem pode crucificar a si mesmo. O que cada homem tem que fazer para morrer para a autossuficiência, para a vontade própria e para a autodeterminação é exercer a fé na obra de Cristo — simplesmente aceitar o que Cristo fez por você no Calvário. Quando você crê, isto é o que acontece:

"Porque, se fomos plantados juntamente com ele na semelhança da sua morte, também o seremos na da sua ressurreição; sabendo isto: que o nosso velho homem foi com ele crucificado, para que o corpo do pecado seja desfeito, a fim de que não sirvamos mais ao pecado. Porque aquele que está morto está justificado do pecado. Ora, se já morremos com Cristo, cremos

que também com ele viveremos [...] Assim também vós considerai-vos como mortos para o pecado, mas vivos para Deus, em Cristo Jesus, nosso Senhor [...]. [Não] apresenteis os vossos membros ao pecado por instrumentos de iniquidade; mas apresentai-vos a Deus, como vivos dentre mortos, e os vossos membros a Deus, como instrumentos de justiça" (Rm 6.5-8,11,13).

O principal propósito do homem é glorificar a Deus e desfrutar a maravilhosa presença dEle para sempre.

O varão [...] é a imagem e glória de Deus, mas a mulher é a glória do varão (1 Co 11.7).

O que é que estou tentando dizer? Estou dizendo que a solução para seus problemas em casa está na morte de sua imagem própria.

Essa morte não acontece por mérito, e sim se crermos em Cristo e no propósito da sua morte na Cruz.

"Mas vós sois dele, em Jesus Cristo, o qual para nós foi feito por Deus sabedoria, e justiça, e santificação, e redenção; para que, como está escrito: Aquele que se gloria, glorie-se no Senhor" (1 Co 1.30-31).

Há muitos que dizem: "Eu venci por meus próprios esforços". Mas, neste caso, então você não é criado à imagem de Deus. Você está fora da comunhão e, portanto, não está em conformidade com tudo o que Deus tem disponível para você. Uma herança nos vem somente depois da morte, e, por isso, até que a sua velha natureza morra, você não poderá receber as promessas espirituais de Deus.

"Quanto mais o sangue de Cristo, que, pelo Espírito eterno, se ofereceu a si mesmo imaculado a Deus, purificará a vossa consciência das obras mortas, para servirdes ao Deus vivo? E, por isso, é Mediador de um novo testamento, para que, intervindo a morte para remissão das transgressões que havia debaixo do primeiro testamento, os chamados recebam a promessa da herança eterna" (Hb 9.14-15).

"Porque não recebestes o espírito de escravidão, para, outra vez, estardes em temor, mas recebestes o espírito de adoção de filhos, pelo qual clamamos:

Aba, Pai. O mesmo Espírito testifica com o nosso espírito que somos filhos de Deus. E, se nós somos filhos, somos, logo, herdeiros também, herdeiros de Deus e co-herdeiros de Cristo; se é certo que com ele padecemos, para que também com ele sejamos glorificados" (Rm 8.15-17).

Mas não precisamos temer o sofrimento, pois Cristo diz:

"Todas as coisas me foram entregues por meu Pai; e ninguém conhece o Filho, senão o Pai; e ninguém conhece o Pai, senão o Filho e aquele a quem o Filho o quiser revelar. Vinde a mim, todos os que estais cansados e oprimidos, e eu vos aliviarei. Tomai sobre vós o meu jugo, e aprendei de mim, que sou manso e humilde de coração, e encontrareis descanso para a vossa alma. Porque o meu jugo é suave, e o meu fardo é leve" (Mt 11.27-30).

Sempre que você confiar na obra de Cristo naquela cruz tão cruel, você compartilha os tesouros e obtém o que Cristo obteve — sacerdócio, majestade e poderes proféticos. O antigo profeta disse:

"Porque um menino nos nasceu, um filho se nos deu; e o principado está sobre os seus ombros; e o seu nome será Maravilhoso Conselheiro, Deus Forte, Pai da Eternidade, Príncipe da Paz" (Is 9.6).

"Em Cristo", compartilhamos, ou participamos, como esposos e pais, desta função e responsabilidade real, e recebemos poderes sobrenaturais, pelo Espírito Santo, para cumprirmos os nossos deveres.

"Eis que aquele dia vem ardendo como forno; todos os soberbos e todos os que cometem impiedade serão como palha; e o dia que está para vir os abrasará, diz o Senhor dos Exércitos, de sorte que lhes não deixará nem raiz nem ramo" (Ml 4.1).

"Porque já é tempo que comece o julgamento pela casa de Deus; e [...] primeiro começa por nós" (1 Pe 4.17).

"Mas para vós que temeis o meu nome nascerá o sol da justiça e salvação trará debaixo das suas asas; e saireis e crescereis como os bezerros do cevadouro [...]. Eis que eu vos envio o profeta Elias, antes que venha o dia grande e

Esposa, Vida e Morte

terrível do SENHOR; *e converterá o coração dos pais aos filhos e o coração dos filhos a seus pais; para que eu não venha e fira a terra com maldição"* (Ml 4.2-3, 5-6).

João Batista foi aquele profeta que veio para colocar tudo em ordem, mas os homens de então, como agora, rejeitaram a pregação do arrependimento e não reconheceram João Batista como o precursor do Messias. O arrependimento e o perdão são pré-requisitos para um Pentecostes pessoal e provisões para o poder no Reino de Deus. Quando um homem vê isso e permite ser batizado por Jesus no Espírito Santo, então está qualificado para receber os títulos reais de Jesus e servir neles.

Quando nós, homens, tentamos, com o nosso próprio poder, ser os líderes espirituais de nossos lares, fracassamos completamente. É apenas na autoridade do Espírito Santo que nós, homens, podemos funcionar adequadamente, da maneira como Deus ordenou. É aqui que a cura vem para a enfermidade da nossa sociedade. Você deixará que ela comece agora, em você, arrependendo-se e convidando Jesus para batizar você com o seu Espírito Santo? Esse simples convite com fé trará luz e glória à sua alma. Faça-o.

"Em quem também vós estais, depois que ouvistes a palavra da verdade, o evangelho da vossa salvação; e, tendo nele também crido, fostes selados com o Espírito Santo da promessa; o qual é o penhor da nossa herança, para redenção da possessão de Deus, para louvor da sua glória" (Ef 1.13, 14).

Quando Jesus ordenou a Pedro que lançasse a rede dele ao mar alto, Simão respondeu: *"Mestre, havendo trabalhado toda a noite, nada apanhamos; mas, porque mandas, lançarei a rede"* (Lc 5.5). Sem dúvida, essa é a resposta da maioria dos homens quando lhes é pedido que deem outra oportunidade ao seu casamento. Eles sentem que trabalharam nele sem muito sucesso, e, então, de que serviria tentar novamente?

Porém, quando Pedro, ainda que relutantemente, obedece à vontade do Senhor e faz o que Ele pediu, pega, para sua total surpresa e assombro, uma enorme quantidade de peixes. Essa abundância, não de peixes, mas de amor, está disponível também para você e para mim, se fizermos o que o nosso Senhor diz e nos lançarmos nas águas mais profundas da fé e da obediência. Você está disposto, agora, a dar outra oportunidade ao seu casamento, a realmente se comprometer com o envolvimento total? Neste caso, então as próximas páginas deste livro lhe darão à resposta à sua pergunta: "Querida, que devo fazer?"

O assunto de família e casamento e lar é um algo impressionante. Como todos somos humanos, e todos cometemos enganos, não há nenhum homem que eu conheça que seja um exemplo vivo do que deve ser um esposo e pai, mas temos alguns ideais e princípios que nos são dados na Palavra de Deus.

E, se vivermos em obediência a eles, sabemos uma coisa — que o nosso casamento, a nossa família e a nossa vida social, além de todas as demais coisas, serão mais felizes, e mais alegres, e mais gloriosas.

Muito frequentemente, minha família começa a discutir alguma coisa, e outro dia estávamos discutindo o que cada um de nós pensava ser o casamento. Uma pessoa fez um comentário, e então outra, e, finalmente, Plythe, nossa filha de nove anos de idade, disse:

— O casamento é uma questão de vida e morte.

Ela nos havia visto em algumas crises, como todas as crianças veem, quando os pais têm que solucionar dificuldades e diferenças de opinião, e ela havia sentido a intensidade dos relacionamentos familiares. Aceitando a sugestão dela, decidi que, na verdade, o casamento, para você, é uma questão de "esposa, vida e morte". Você tem uma esposa e vida abundante quando você morre para si mesmo, porque, então, a sua família adquire vida.

"E Jesus lhes respondeu, dizendo: É chegada a hora em que o Filho do Homem há de ser glorificado. Na verdade, na verdade vos digo que, se o grão de trigo, caindo na terra, não morrer, fica ele só; mas, se morrer, dá muito fruto. Quem ama a sua vida perdê-la-á, e quem, neste mundo, aborrece a sua vida, guardá-la-á para a vida eterna. Se alguém me serve, siga-me; e, onde eu estiver, ali estará também o meu servo. E, se alguém me servir, meu Pai o honrará" (Jo 12.23-26).

Quando Adão amou sua esposa, na verdade estava amando a si mesmo, porque ela era parte dele. Ela fora criada a partir da sua costela. Ela era a sua ajudadora indispensável na manutenção da família.

"Então, o SENHOR Deus fez cair um sono pesado sobre Adão, e este adormeceu; e tomou uma das suas costelas e cerrou a carne em seu lugar. E da costela que o SENHOR Deus tomou do homem formou uma mulher; e trouxe-a a Adão. E disse Adão: Esta é agora osso dos meus ossos e carne da minha carne; esta será chamada varoa, porquanto do varão foi tomada. Portanto, deixará o varão o seu pai e a sua mãe e apegar-se-á à sua mulher, e serão ambos uma carne. E ambos estavam nus, o homem e a sua mulher; e não se envergonhavam" (Gn 2.21-25).

Isso estabeleceu um padrão divino, e acredito que esse padrão deva ser seguido na ordem de Deus, pois existe uma mulher certa para cada homem, com a exceção de raros casos de celibato. Quando essas duas metades opostas se encontram, elas constituem um todo; uma perfeição. Os dois fazem com que a vida seja como Deus pretendeu que ela fosse, no casamento. E esse é o plano de Deus, mas tanto os homens como as mulheres o negligenciaram e não o entenderam, além de não terem vivido de acordo com o plano divino. O resultado é um grande número de casamentos que não são estabelecidos da maneira como Deus queria que fossem, e sim de uma maneira como a sociedade dita.

Por exemplo, eu conheci um jovem casal (ela tinha dezenove e ele tinha vinte anos de idade) que estava casado havia cerca de cinco anos, e os dois já estavam tendo graves problemas. Perguntei a eles por que haviam se casado, e esta foi a sua história:

Certo dia, depois da escola, eles decidiram fugir. Sem pensar direito, eles começaram pedindo carona na estrada de Ohio, rumo a Cincinnati. Eles foram surpreendidos pela escuridão e acabaram passando a noite num velho celeiro abandonado. No dia seguinte, eles começaram a caminhar à beira da estrada e, pelos desígnios de Deus, foram apanhados por um automóvel dirigido por um advogado. O advogado descobriu que eles estavam fugindo de casa e os convenceu a voltar para seus lares e, então, comprou para eles as passagens de ônibus de volta para os seus lares. Devido à pressão da sociedade, os pais se assustaram e insistiram que eles se casassem, certos de que eles haviam tido relações sexuais durante a noite. Eles receavam que a garota estivesse grávida (embora não tivesse ocorrido nenhuma atividade sexual). Assim, aqui estava um casal, que se casou quando ainda eram crianças, sem nenhum entendimento do que é um casamento e, certamente, sem conhecimento do plano de Deus. Os planos de Deus foram violados de tal maneira que, na nossa sociedade atual, um grande número de casamentos acaba em divórcio ou separação, ou então em relacionamentos arruinados, porque os cônjuges não pedem a orientação de Deus na escolha de uma companhia para a vida toda. Os homens não foram pacientes o suficiente para esperar por aquela que Deus lhes havia designado, nem confiaram na sabedoria e no plano de Deus para o assunto.

Há muitas razões pelas quais os homens se casam, e muitas delas são razões erradas. Se um rapaz não está ciente de que Deus tem a jovem certa para ele – a parceira correta – acabará se casando fora do plano de Deus e terá que sofrer as consequências por isso. Deixe-me enumerar algumas dessas razões:

Você pode se casar por "razões de segurança". Você pode querer uma "mãe" – pode desejar ser amado e mimado. Você pode desejar alguém que tome as decisões por você e cuide de você.

Você pode se casar por puro egoísmo. Você pode desejar uma serva – uma empregada que more no local do trabalho – alguém que cuide da sua casa, de suas roupas, cozinhe para você – esse tipo de coisas.

Você pode se casar porque quer ter uma beldade que possa exibir, como faria com um carro novo. Essa é uma extensão do amor próprio. Essa beldade é um reflexo do homem e do seu ego.

Você pode se casar por luxúria, para satisfazer sua necessidade sexual. Você pode se casar até mesmo por se sentir culpado e por ter tido relações sexuais antes do casamento. Você se sente culpado, enredado e sente que tem que se casar.

Conversei com um rapaz, casado há cinco anos, que disse que se casou porque ele e sua esposa haviam tido relações sexuais antes do casamento. Ela pensou que estivesse grávida, contou aos seus pais, e ele se sentiu pressionado a se casar com ela. Nesse ínterim, ele se sentia infeliz, havia cometido adultério com outra mulher e agora estava em sérios problemas com suas emoções e sua incapacidade de lidar com elas. Eu conversei com a esposa, e ela era uma pilha de nervos, cheia de culpas e terrivelmente insegura, temendo que seu esposo não a amasse. Como o casamento está baseado na pureza, esse casamento continuará a estar em dificuldades ou acabará em divórcio, a menos que os dois confessem o seu pecado diante de Deus e restabeleçam o relacionamento baseado na honestidade e na pureza. "E ambos estavam nus, o homem e a sua mulher; e não se envergonhavam" (Gn 2.25).

Você pode se casar por orgulho. Você pode se casar porque todos os seus amigos estão se casando, e você não quer que ninguém pense que você é um daqueles "sujeitos engraçados".

Você pode se casar por rebelião. Você tem uma namorada — vocês gostam um do outro. Ela rejeita você, e então você diz: "Eu vou mostrar a ela". E você se casa com a primeira garota que diz "sim". Isso mostra à sua antiga namorada que ninguém rejeita você. Infelizmente, isso acontece frequentemente.

Quando eu estava na faculdade, tinha um amigo que gostava à beça de uma jovem muito doce em sua cidade. Ele recebeu dela a notícia de que se casaria com outro homem. Esse foi um choque tão grande para ele que, por rebelião, ele pediu a uma jovem com quem havia saído algumas vezes que se casasse com ele, e ela disse "sim". Naturalmente, o casamento durou apenas alguns meses. A jovem percebeu o seu engano, voltou para casa dos pais, e eles se divorciaram — tudo porque o casamento estava baseado numa falsa premissa.

Você pode se casar por medo. Você pode ter medo de ficar sozinho, ou medo de críticas ou do ridículo, ou de não ser amado, ou então do que as pessoas irão pensar. Você pode ter medo até mesmo dos seus próprios sentimentos.

Você pode se casar por autopiedade. Pobre de mim, ninguém se importa comigo, então vou me casar. Você realmente está com problemas!

Muitos casamentos estão com muitas dificuldades porque foram estabelecidos pelas razões erradas.

Há uma razão correta para que os homens se casem, e essa razão é o amor; você, no entanto, pode se casar tendo a razão correta, mas a atitude errada. Em outras palavras, você pode estar em dificuldades porque não aprendeu a ordem divina, o propósito e o significado do vínculo matrimonial.

Mesmo que você se case por amor e acredite que Deus contribuiu para que vocês dois se encontrassem, você pode estar se perguntando, depois de vários anos de casamento: "Deus, por que me deste esta mulher? Entre todas as mulheres do mundo, por que me deste esta?". Isto exibe a atitude errada.

Você não entendeu perfeitamente que o casamento é uma união. É uma união de dois opostos. Você continua dizendo: "Minha esposa não é como eu". Naturalmente, ela não é como você. Deus jamais tencionou que ela fosse. Ela é uma ajudadora, alguém que o complementa. É alguém que compensa as suas deficiências. Sua esposa não compete com você – ela o complementa. Você diz: "Eu poderia ter me casado com qualquer moça que eu quisesse". Você percebe que Deus escolheu a esposa que você tem agora para que ela pudesse ajudá-lo a amadurecer?

Lemos isso na Palavra de Deus e estabelecemos agora o que deveríamos enxergar nessa passagem.

"Assim devem os maridos amar a sua própria mulher como a seu próprio corpo. Quem ama a sua mulher ama-se a si mesmo" (Ef 5.28).

Agora, permita-me dar um princípio positivo. Quanto mais amor sacrificial você dedicar à sua esposa, maior será o respeito com que ela responderá a você em cada categoria da vida.

Aqui está a negativa desse princípio. Se você se negar a dedicar esse amor à sua esposa, retendo atenção, elogios, entendimento, apreciação, então você estará cometendo um grande erro. Como a sua esposa é você, então, ao negligenciá-la, você, na realidade, está negligenciando a si mesmo. Quando você é infiel à sua esposa, você, na realidade, está enganando a si mesmo. Quando você critica excessivamente a sua esposa para exaltar a si mesmo, então você está sendo desonesto consigo mesmo e ferindo a si mesmo.

Amigo, você consegue salvar seu casamento porque você é, de fato, o salvador do lar. Você pode salvar a família morrendo para si mesmo. Você pode salvar o seu lar morrendo para o interesse próprio, para a falsa justiça e para a gratificação pessoal. Tudo isso se dissolve quando você abre espaço para Cristo como o Capitão da sua alma. Quando você decide deixar Cristo salvar sua vida e também salvar você de si mesmo, então você estará sendo preparado para ser o melhor tipo de esposo e o melhor tipo de pai. Pois só então você poderá ser verdadeiramente sacrificial no seu amor, assim como Cristo amou a Igreja e se deu por ela.

OITO

Caminhos para a Harmonia Celestial no Lar

Jesus Cristo, que é o Deus eterno, envolveu-se com a sua família. Em João 1.14, lemos: "E o Verbo se fez carne e habitou entre nós, e vimos a sua glória, como a glória do Unigênito do Pai, cheio de graça e de verdade". Ele se envolveu com os detalhes da vida e, por isso, Deus o instituiu como Sumo Sacerdote. Sua autoridade resultava do fato de que Ele se envolvia. Você pode desejar ser um sacerdote na sua casa sem se envolver, mas isso é impossível. Você tem que se envolver nos detalhes da sua esposa e da sua família. Você deve estar preparado para ouvir sua esposa e se envolver nos detalhes.

Minha esposa saiu e comprou alguns vestidos. Eu disse "Maravilha!" Eu havia insistido com ela durante anos para que fizesse alguma coisa sozinha. Fiquei muito feliz com isso. Mais tarde, ocorreu-me que a razão pela qual eu fiquei tão feliz por ela ter saído e comprado aqueles vestidos foi que eu não tive que ir ajudá-la a escolher e me envolver nos detalhes dos vestidos.

Tenho que confessar que realmente gosto quando minha esposa sai para reuniões nas noites de segunda-feira, porque, então, eu posso ver o jogo de futebol das noites de segunda-feira, colocar os pés para cima, comer amendoins, mastigar guloseimas e, de maneira geral, deixar tudo bagunçado. Não tenho que ouvir o que ela diz. Fico feliz porque não quero me envolver nas coisas que ela tem a dizer nem nos problemas que ela tem. Eu só quero ignorar tudo isso. Só quero mesmo é me sentar e desfrutar algo que eu goste de fazer — porque sou egoísta.

Rapaz, nós pensamos que somos bons demais para nos envolvermos nas necessidades de nossa esposa ou de nossos filhos. Mas precisamos dedicar algum tempo para ouvi-los, ajudá-los a discutir e solucionar os problemas que eles têm. Ah, sim, você vai se envolver com o programa de construção do seu vizinho, ou com a esposa de outro homem, ou com alguma atividade esportiva, ou na sua atividade profissional. Você, porém, vai negligenciar a maior atividade da terra — a de edificar uma fundação espiritual para o seu próprio lar. Sua incapacidade para agir como um sacerdote em seu lar contribuirá para o caos e fará com que a vida seja infeliz para cada membro da família.

O papel do esposo e do pai, como sacerdote, é verdadeiramente um dom sagrado de Deus para o homem. Se você se rebelar contra essa responsabilidade, se você não receber esse dom, então Deus não poderá abençoá-lo. Você não terá a glória que Deus tenciona para você. E, como resultado, seu lar continuará a habitar em "tendas de tumulto". Nenhuma paz verdadeira poderá vir à sua casa, além da paz que Cristo dá, quando é aceito como o Sumo Sacerdote do homem, e o homem se torna o sacerdote da sua família.

Aquilo que os homens querem e não conseguem obter é a paz no lar, e eles não percebem que a paz não vem da calmaria ou da conciliação, mas sim do seu sacerdócio.

Jesus Cristo se envolveu nas necessidades da humanidade a ponto de sofrer e morrer pelo homem. Ele sacrificou a si mesmo. Ele deu a si mesmo. Jesus teve a liberdade e o poder para dar a sua vida, e Ele decidiu fazê-lo. Por Jesus Cristo ter se envolvido, recebeu a glória, a autoridade, a majestade, o sacerdócio e a soberania. E, por isso, Ele trouxe a paz. Esse princípio é verdadeiro para cada uma das instituições divinas — nação, família e casamento — mas é particularmente apropriado para a instituição da família.

Deus Pai, durante toda a eternidade, teve um único Filho. Mas o coração de Pai de Deus desejava uma família. Tenha o cuidado de enxergar que a Paternidade de Deus está enraizada não na criação de Adão, e sim na Redenção promovida pelo seu Filho Unigênito, Jesus Cristo. Porque "em Adão" todos pecaram e destituídos estão da glória de Deus. O milagre de todos os milagres foi a morte sacrificial de Cristo. Pois, naquela cruz, o ato mais poderoso de Deus foi transformar o homem "em Adão" em um homem "em Cristo" (1 Co 15.45-47). (Isso não acontece automaticamente, mas através de sua fé).

Jesus é o "último Adão" e, como tal, Ele é a soma total da humanidade, morrendo na Cruz para satisfazer a justiça e a retidão de

Caminhos para a Harmonia Celestial no Lar

Deus. Jesus pagou por todo o nosso pecado. Jesus também é o "segundo homem" e, como tal, Ele se tornou o líder de uma nova raça, e Deus nos colocou nessa semente para nos redimir para o propósito da glória dEle. Homens, estamos perdendo a glória de Deus quando não cremos na Santa Palavra de Deus e não confiamos na sua obra. O belo oitavo capítulo de Romanos nos mostra isso muito claramente.

Isto é o que aconteceu "em Cristo". O Filho Unigênito, descrito na encarnação de João 1.14, torna-se o primeiro Filho gerado de uma nova raça, em Romanos 8.29, com o propósito da paz em Efésios 2.13-19, o propósito da glória em Romanos 8.21-30 e o propósito da posteridade em Romanos 8.15-16, e tudo isso leva ao sacerdócio em Hebreus 2.9⊡3.12.

Minha conclusão da questão sobre a obra de Cristo como Sumo Sacerdote é o princípio do envolvimento, pelo qual os homens, como esposos e pais, devem passar, para que possam ter paz em seus lares. Portanto, a Paternidade de Deus não é independente do seu Filho Unigênito, e tampouco é independente da existência dos pais. A oportunidade que o meu filho tem de vivenciar a Paternidade de Deus acontece por intermédio de mim, o seu pai terreno. Não sou apenas o representante de Deus, que é o Criador, a quem os descendentes devem as suas vidas, mas também sou um elo na linguagem histórica do povo de Deus.

Assim, o pai tem uma função sagrada. Ele ocupa o lugar de pai e não tem autoridade nem direito, exceto o que lhe é dado por Deus. O Senhor deu ao homem a liberdade para dar a sua vida, e esse poder resulta de estar "em Cristo".

Quando um homem faz o que Jesus fez — ou seja, coloca em ação o princípio da morte, morre para si mesmo e permite que o Espírito Santo controle a sua alma — ele se torna um novo homem e coloca o princípio da ressurreição em ação na sua vida.

O apóstolo Paulo comenta esse princípio em Efésios 2.13-19:

"Mas, agora, em Cristo Jesus, vós, que antes estáveis longe, já pelo sangue de Cristo chegastes perto. Porque ele é a nossa paz, o qual de ambos os povos fez um; e, derribando a parede de separação que estava no meio, na sua carne, desfez a inimizade, isto é, a lei dos mandamentos, que consistia em ordenanças, para criar em si mesmo dos dois um novo homem, fazendo a

paz, e, pela cruz, reconciliar ambos com Deus em um corpo, matando com ela as inimizades. E, vindo, ele evangelizou a paz a vós que estáveis longe e aos que estavam perto; porque, por ele, ambos temos acesso ao Pai em um mesmo Espírito. Assim que já não sois estrangeiros, nem forasteiros, mas concidadãos dos Santos e da família de Deus."

A passagem acima nos conta como Cristo reconciliou judeus e gentios, uns com os outros, e o homem com Deus, e isso trouxe a paz. Cristo pôde fazer isso, morrendo na cruz.

Agora, no seu lar, há um muro que foi edificado entre você e sua esposa, você e seus filhos, os filhos e as filhas, irmãos e irmãs. Todos vocês se tornaram estranhos e estrangeiros em sua própria casa. Por quê? Porque vocês não estão "em Cristo", usando aquela "obra" que Cristo realizou no Calvário.

Quando você, pela fé, passa a ter comunhão com Cristo, o caráter de Cristo começa a se formar em você, e você começa a produzir o primeiro amor verdadeiro, um amor tão grande que você, o chefe da família, torna-se capaz de dar a sua vida pela sua família.

Você se torna sacerdote na sua família quando está "em Cristo", e o calor do amor de Cristo flui através de você e começa a abrir portas naquele muro gelado que foi criado entre você e a sua família, promovendo, assim, a alegre reconciliação, uma paz que transmite entendimento, um legado sem limites, uma glória cheia de graça e verdade. Isso é o que você quer, mas ou você não foi informado de que esse é "o caminho", ou você tem sido obstinado demais para tentá-lo.

Assim, ser o sacerdote no seu lar quer dizer, simplesmente, estar "em Cristo", permitindo que Ele controle sua vida em cada fase e categoria – propiciando uma atmosfera espiritual de amor, verdade e abertura, tanto para Deus como uns para com os outros. Como você, o chefe da casa, é o iniciador do amor, então os outros membros respondem alegremente à sua proximidade, e isso cria um lar piedoso, um lar que Deus honra e abençoa.

– Pregador, se eu tivesse sabido disso quando era mais jovem, eu poderia ter feito alguma coisa a respeito. Agora, os meus filhos estão crescidos, e é tarde demais para que eu mude – disse um homem, depois de ser exposto a esse princípio de sacerdócio.

— Foram os meus erros que provocaram todo esse tumulto na família — confessou um pai, depois de um período de consultas — Mas o que eu faço agora? Neste momento, sinto que é tarde demais para eu fazer alguma coisa.

Os homens que estão nos últimos anos do casamento — ou na metade dele — têm dificuldade para enxergar onde esses conceitos serão de qualquer utilidade para o seu casamento, uma vez que ele já está praticamente concluído. No entanto, é nesses anos dourados do matrimônio que os homens poderiam fazer um grande favor para eles mesmos e realmente gostar de estar casados. Não permita que sua idade ou mesmo o tempo em que você já está casado lhe confundam, fazendo-lhe acreditar que seja tarde demais. Muitas partidas são vencidas no último minuto, ou no último quarto de hora, e você ainda pode ser um vencedor no seu casamento.

— Minha esposa tem um problema — disse um homem de meia-idade, quando eu estava conversando com ele — Ela me diz as mesmas coisas várias vezes, talvez centenas. O que é que eu devo fazer?

— O que você quer dizer? — perguntei a ele.

— Bem, quero dizer — hesitou ele — ela me diz as mesmas coisas várias vezes, e eu finjo não ouvir e deixo que ela continue falando. Acho que ela está ficando louca. Talvez eu precise levá-la a um psicanalista.

Eu respirei fundo e pensei: "Senhor, ajuda-me a saber como responder a esta pergunta". Enquanto conversávamos, pude perceber por que a sua esposa continuava repetindo as suas palavras.

— Como você não está aconselhando sua esposa a respeito de suas dificuldades e problemas — disse eu — ela acha que precisa falar excessivamente. Como você não a ouve, ou fica ali sem responder, provavelmente ela pense que você também seja um pouco "desligado", ou até mesmo esquisito. Um homem que ouve sua esposa falar a mesma coisa repetidas vezes, como se estivessem sendo ditas pela primeira vez, deve admitir que não está lidando com o problema.

— Eu pensava que fosse essa a maneira correta de lidar com isso — disse ele.

— Por que você não começa a ouvi-la de uma maneira amorosa? — perguntei — Por que você não responde a ela, expressa seus pontos de vista e diz o que há na sua mente? Ou, então, por que você não diz: "Querida, você já me disse isso antes, lembra-se?".

— Ela sempre fica irritada quando eu lhe digo isso — disse ele — Eu não consigo vencer. Ela sempre chora ou grita quando tento lhe dizer alguma coisa, e assim aprendi a manter minha boca fechada e deixar que ela fale.

— Quando você não se identifica nem reage ao que ela lhe diz, não é de admirar que ela se aborreça. Ela fica frustrada. Na próxima vez em que ela lhe contar uma história ou tocar no mesmo assunto, repita o que ela disse e pergunte se foi isso o que ela disse. Pergunte a ela o que ela quer dizer. Pergunte como ela se sente com respeito ao incidente com o filho, ou com o vizinho, ou qualquer outro assunto. Aproveite a oportunidade para ajudá-la a ver o que a está incomodando. Lide com isso o mais docemente que puder. Dessa maneira, você se torna o sacerdote dela, dando a ela uma oportunidade para desabafar ou sair de suas ansiedades, ou amarguras, ou temores ou feridas.

— Se eu fizesse isso, não teria mais tempo para ver televisão ou ler o jornal. Além disso, ela faz isso o dia todo, ao telefone, falando com as amigas. Por que eu deveria me incomodar com isso? — perguntou ele.

— Você não precisa se incomodar, Sr. White — respondi — a menos que queira ela pagando uma boa parte do seu salário a um psiquiatra, ou a menos que você queira mantê-la exatamente como ela está. Na realidade, a razão deveria ser, simplesmente, porque esse é o Caminho de Deus. Você deve ser o sacerdote dela.

— Você está tentando me dizer que, se eu fizer algumas dessas coisas, ela poderá mudar? — perguntou ele, num tom de surpresa.

— Sim, senhor — respondi — Você oraria comigo agora, Sr. White, pedindo que o Espírito de Deus lhe mostre como ser mais amoroso e gentil com sua esposa? Agradecendo a Deus por remover o ressentimento que você sente, quando tem que dedicar um pouco do seu tempo à sua esposa? Agradecendo a Deus por dá-la a você e por perdoá-lo por não assumir seu papel como chefe espiritual de sua casa?

Nós oramos naquele dia e, desde então, uma transformação ocorreu naquele lar. Agora, eles são como dois recém-casados — sempre juntos. A devoção do homem à sua esposa trouxe uma nova onda de respeito e sanidade àquele lar simples e doce. Os filhos casados agora ficam extraordinariamente felizes por tê-los em suas casas, e o pai descobriu um novo lugar de honra aos olhos de seus filhos e de sua esposa. Há pouco tempo, eu vi esse homem, e ele colocou o seu braço sobre meus ombros e me disse:

— Pastor, eu nunca estive mais feliz na minha vida, desde que comecei a mostrar mais atenção e amor à minha esposa. Eu costumava pensar que era muito importante ler o jornal e descobrir o que está acontecendo neste mundo. Agora, eu sei que o mais importante é ver o que está acontecendo na minha família. Agora, eu percebo o quanto estive perto de perder minha esposa; e, francamente, houve ocasiões em que, em segredo, desejei perdê-la. Mas agora eu consigo ver que tudo foi culpa minha. Deus tem sido extraordinariamente bom para comigo, e eu louvo o seu nome todos os dias, por me perdoar e me dar outra oportunidade. Pregador, eu digo aos homens da minha idade: "Nunca é tarde demais para mudar". Eu digo a eles o que o senhor me disse. Muitos deles pensam que eu sou um louco, um bobo religioso. Mas se é isso o que eu sou, então sou o louco mais feliz do mundo. Eu era infeliz antes e, raramente tinha um momento de felicidade. Agora, eu sou feliz com a vida e especialmente com meu lar.

O modelo de oração de Mateus 6.9-13 oferece um belo exemplo do "Sr. Maravilhoso", ou Rei-Pai. Ela começa com "Pai nosso" e rapidamente passa para "venha o teu Reino". Quando um homem está em conformidade com a ordem de Deus, então, por herança, ele se torna um rei-pai. Se Cristo é Rei na sua alma, então você é rei no seu lar. Quando Cristo governa você, então você pode governar sua esposa e seus filhos.

Há um perigo aqui, pois muitos homens se esquecem de que a sua soberania é um Direito de primogenitura e acabam usando-a de modo inadequado. Você pode ser *um* de *três* tipos de reis — um rei ímpio, um rei justo ou um rei indiferente. Você pode, deliberadamente, decidir ser um tirano, ou pode ser um bom provedor, ou pode diminuir sua soberania em decisões desleixadas ou indiferentes.

Considerar-se um bom rei quer dizer que você trata sua esposa como uma rainha, seu filho como um príncipe e sua filha como uma princesa. Deus nos oferece provisões, perdão e proteção quando o vemos como Rei-Pai soberano, na Oração do Pai Nosso. E assim é com o homem que está em conformidade com a ordem divina, pois Deus lhe deu essa "maravilhosa" posição.

Essa majestade, então, é uma grande responsabilidade, mas há uma recompensa para cada responsabilidade, e, assim, o homem que entrega os bens, neste papel de rei, se torna o "Sr. Maravilhoso" aos olhos do *seu* reino. Essa é uma rica recompensa, boa demais para ser deixada de lado e, no entanto, você a pode estar perdendo.

Tome a atitude de fazer amor. Conheço alguns homens que estão esperando que suas esposas tomem a iniciativa para o ato sexual. E, provavelmente, esperarão muito tempo, porque Deus jamais pretendeu que as coisas fossem assim. Deus tomou a atitude em seu relacionamento de amor com a humanidade. Ele tomou a iniciativa, e nós, homens, também temos essa responsabilidade. Nós devemos agir.

Quanto à questão de fazer amor, você é bombardeado pela sociedade e pela filosofia do *playboy*, a tal ponto que, sem dúvida, você fica confuso. Você pode ter a ideia de que sua esposa seja como a sua bolsa de golfe, que está ali para você usar quando sentir necessidade e, então, voltar a ficar guardada no armário quando você terminar, para estar ali quando você estiver pronto outra vez. Mas você está equivocado.

Uma mulher me disse:

— Meu marido pode encontrar mais coisas para ler num jornal do que qualquer outra pessoa do mundo. Ele pode passar horas lendo o jornal enquanto eu limpo o quintal, limpo a casa e cozinho, sem se dar conta de que eu estou por perto. Então, quando termina de ler o jornal, ele se aproxima e quer fazer amor comigo. Eu não consigo reagir positivamente, porque isso faz meu sangue ferver. Então, ele diz: "Querida, há algo errado?". Eu já disse pra ele, centenas de vezes, que não consigo ficar excitada com beliscões, tapinhas ou toques, especialmente quando ele não fez "nada" para me mostrar o seu amor.

— Seu marido não é o único — admiti — Pra falar a verdade, muitos homens são assim.

Não é de admirar que algumas mulheres sintam a necessidade de deixar o lar — porque não há muito a deixar para trás.

Jesus Cristo é o melhor amigo que teremos, pois Ele nos mostrou o valor da verdade, da verdade que nos liberta. Durante muito tempo, nós, homens, temos estado enganados pela nossa própria escolha de servir a nós mesmos, em lugar de vivermos para o nosso Senhor Jesus. Sendo um profeta "em Cristo", você está livre para ver quão cruel e perverso você tem sido para a sua própria esposa e família. Isso fará você se arrepender e voltar ao seu caminho e vontade. Quando você fizer isso, seu casamento retornará dos mortos, e novas visões de esperança, e sons de amor, e sentimentos de alegria, e sabores de honestidade, e aromas de bondade, virão ao seu lar.

Quando você começar a andar no caminho de Deus, sua esposa se tornará uma seguidora e começará a andar com você, porque assim as mulheres foram criadas por Deus. Quando você renunciar a si mesmo e caminhar duas milhas com a atitude correta, sua esposa o honrará, o respeitará e o amará com submissão, como ao Senhor.

Agora, quero voltar àquele exemplo que usei no início, de um casal que eu vi no supermercado. O homem demonstrou uma má atitude. Vamos dizer que ele entendia ser um profeta na sua casa e entendia também o princípio da segunda milha, que Deus nos ensina na sua Palavra. Esse homem poderia ter dito:

— Querida, deixe que eu empurre o carrinho; deixe-me ajudar você.

Naquela noite, a esposa poderia ter dito algo como:

— Venha, querido, sente-se aqui, na sua poltrona confortável, e veja aquele jogo de futebol. Então, ela deixaria a sala e, um minuto depois, voltaria com a bebida favorita dele e, com um beijo gentil no rosto dele, diria:

— Querido, se você precisar de alguma coisa, é só me chamar.

Pouco tempo depois, o esposo diria:

— Querida, deixa eu te ajudar a colocar as crianças na cama.

Depois de ajudá-la com as crianças, ele a tomaria pela mão. Eles iriam para o quarto e conversariam a respeito das atividades do dia, compartilhando seus pensamentos, seus desejos, suas esperanças e seus sonhos. Mais tarde, naquela mesma noite, sua esposa corresponderia ao seu amor e consideração de uma maneira adequada. Quando você toma a iniciativa de demonstrar amor durante o dia, sua esposa foi criada por Deus para corresponder a esse amor.

Foi Deus quem inventou o sexo, e Ele tem estado por aqui há muito mais tempo do que a filosofia do amor livre. Quando Deus trouxe Eva a Adão, e este a viu pela primeira vez, seus olhos se arregalaram, e ele exclamou:

— Por fim, é isso!

Adão viu que Deus havia estabelecido um relacionamento de dar e receber — combinação perfeita!

Isso foi obra de Deus, e o Senhor Deus designou, para cada homem, uma mulher correta como esposa — adaptada a ele perfeita, física, emocional, intelectual e espiritualmente.

Quando você se casou, quando você recebeu a garota que Deus lhe deu, não houve necessidade de experimentá-la. Deus não comete enganos. O homem é quem se confunde.

É o plano de Deus que você se case com a mulher que Ele escolheu para você, e que você encontre apenas nela a satisfação de seus impulsos sexuais, nos limites da instituição divina do matrimônio. Deus fez de você aquele que busca; e, quando você tiver capturado o coração dela, a corte continuará a navegar pelo mar do matrimônio. Nunca se esqueça de que sua esposa foi criada de maneira diferente de você e que as necessidades fisiológicas dela não são tão prementes como as suas. Portanto, você tem a grande responsabilidade de criar as condições atmosféricas perfeitas para oferecer a brisa gentil e para soltar as velas na atitude apropriada para levar a corte ao porto pelo qual o coração de uma mulher realmente anseia.

Você não pode ter uma briga ou discussão terrível, ou estar absorto na televisão e, então, esperar que sua esposa corresponda a você sexualmente. Você não pode continuar deixando que ela tome todas as decisões, pague as coisas, cuide da casa e do jardim, administre toda a correspondência, faça todas as compras, cuide da disciplina dos filhos e, do nada, esperar que ela fique excitada quando você a toca, quando a beija e quando começa as preliminares.

Sua esposa não fica excitada da mesma maneira que você. Ela tem que se sentir protegida, cuidada, entendida — não necessariamente acariciada — e é aí que você erra.

Converso com muitos casais que não conseguem resolver o seu problema sexual porque o homem é muito infantil e imaturo com respeito a esse assunto.

— Eu fico muito irritado — disse certo homem — quando minha esposa me rejeita. Ela é minha esposa, e eu tenho o direito ao corpo dela e, se ela me rejeita, eu fico furioso. (Veja 1 Co 7.4.)

— Sim, eu sei — respondi — mas você não a rejeitou antes?

— Claro que não! — exclamou ele — Eu sempre estou pronto para o sexo, e ela pode confirmar isso.

— Tenho certeza disso — respondi — mas você sabe por que sua esposa rejeita você na cama?

— Não — respondeu ele — a menos que ela esteja brava comigo por algum motivo.

— Sim, e também porque você a rejeitou na sua mente — disse eu — Vou lhe contar um segredo que, normalmente, preparará sua esposa para a atividade sexual... se você quiser ouvir —disse eu.

Os olhos dele cresceram, e um sorriso apareceu em seu rosto cansado, e ele disse:

— Estou ouvindo, estou ouvindo!

— O segredo é conversar com sua esposa — eu disse a ele, vendo o sorriso desaparecer do rosto dele, e sua testa começar a se enrugar.

— Desculpe — disse ele — eu pensei ter ouvido você dizer "conversar".

— Isso mesmo — respondi — É conversando com sua esposa que você a leva a tirar as suas roupas, por assim dizer. Ela "tira a sua camisa de falsa justiça, as suas calças de autossuficiência, as suas cuecas de autopiedade. Isso é o que a estimula sexualmente. Quando ela pode entrar no seu mundo íntimo (aquilo que, normalmente, você esconde do mundo) isso faz com que ela corresponda a você. Aí ela estará pronta a se abrir para você, permitir que você entre no mundo dela fisicamente, emocionalmente, sexualmente, o que quer que seja. Entende o que eu quero dizer?

— Pregador — disse ele — já ouvi muita coisa sobre como fazer amor com a sua esposa, mas nunca tinha ouvido isso antes. Você quer dizer que, quando eu chego do trabalho, e converso com Marie, e conto a ela sobre meu dia, ou meus pensamentos, ou minhas ideias, é que ela vai ficar excitada?

— Isso já vai ser um começo — respondi.

— E eu pensando que havia mais a fazer além de falar — respondeu ele, coçando a cabeça.

— Bem, tudo tem a ver com as atitudes — disse eu — Se você exibir uma atitude de humildade, uma atitude de gratidão por ela, como esposa ou pessoa, uma atitude de interesse no que ela está vivenciando, uma atitude de utilidade na vida doméstica, uma atitude de atenção para com ela e os filhos, então você estará transmitindo a ela vibrações de amor que realmente a excitarão e a estimularão de todas as maneiras.

— Quem diria! — exclamou ele — Você quer dizer que, se eu não pegar o jornal, ou não ligar a televisão, mas, em vez disso, procurar atender as necessidades da minha esposa, então eu terei uma boa surpresa, e ela vai ficar "ligada", e não "desligada"? — perguntou ele.

— É uma boa maneira de explicar isso — respondi.

Essa é a maneira como um homem faz um favor a si mesmo, amando sua esposa como também Cristo amou a igreja e a si mesmo se entregou por ela.

São poucos os homens que desejam se "dedicar" às suas esposas. Eles querem ter resultados fazendo tão pouco quanto puderem e, dessa forma, acabam tendo um casamento barato. É isso que está errado na filosofia do *playboy*. Quando um homem tem experiências baratas com sua esposa ou com outras mulheres, ele jamais se sente satisfeito. Ele pensa que está sendo enganado por sua esposa ou pelas outras mulheres que usa, sem perceber que está enganando a si mesmo.

Quando um homem se dedica totalmente à sua esposa, o resultado é a satisfação verdadeira no sexo e em cada área da vida. Esse é um risco que deve ser assumido se você quiser vivenciar mais do que Deus tencionou no casamento.

Uma esposa se excita sexualmente quando seu esposo permite que ela o dispa — não fisicamente, mas por dentro. Quando um homem se dedica à sua esposa, permitindo que ela exponha os seus pensamentos, as suas emoções, a sua vontade, então ela não terá dificuldade de se entregar a ele sexualmente. Se os homens pudessem entender que amar é convidar a sua esposa ao seu mundo, permitir que ela veja você, dispa você, tire a sua falsa justiça, autossuficiência, autoidolatria e autodeterminação, então eles teriam a reação apropriada por parte de suas esposas.

Os homens se afastam de suas esposas sendo egoístas; não dividindo com elas seus problemas, suas ansiedades, seus desejos, seu antagonismo, seus sonhos. Quando você não permite isso à sua esposa, você a rejeita. Assim, não é de admirar que ela o rejeite sexualmente quando você começa a tentar despi-la. Em outras palavras, as preliminares sexuais para uma mulher são uma atividade de alma, na qual ela tem o privilégio de ver o seu ego exposto. Quando essa intimidade de alma é negada a uma esposa, ela nega a seu esposo a atividade sexual ou a intimidade com o seu corpo, ou apenas permite que o esposo use o corpo dela sem responder com seus sentimentos. Então, ela sente culpa — uma culpa colocada ali por você, quando você diz que ela é frígida.

Os homens devem amar suas esposas como Cristo amou a Igreja e se entregou (ego) por ela. Jesus, ao transmitir o que havia na sua mente, expôs-se na cruz do Calvário — nu, diante de toda a humanidade — para mostrar o seu amor pela sua esposa, a Igreja. Esse foi um compromisso total de si mesmo — totalmente despido, sem estar vestido com nada — totalmente dedicado, por amor.

Quando nós, homens, conseguirmos captar esse doce mistério de amor, então vivenciaremos mais o êxtase do amor e menos a agonia da esposa e da vida. *"E ambos estavam nus, o homem e a sua mulher; e não se envergonhavam" (Gn 2.25)*. Quando o seu casamento está baseado em honestidade, pureza e fidelidade em Cristo, então você vivencia essa doce inocência, que permite que você confie, dê, perdoe e seja agradecido.

Um jovem casal, casado há aproximadamente cinco anos, tem muitas dificuldades porque, quando ele começa a agir para convidá-la ao sexo, ela o rejeita. Ele se irrita e sai do quarto e, então, eles começam tudo de novo. Em vez de ouvi-la e conversar com ela sobre o problema, ele a ignora, até a próxima vez em que sente a necessidade biológica, e, daí, acontece a mesma coisa outra vez. Tudo o que ele precisa fazer é conversar com ela, e ela poderia lhe dizer o que a excita, mas ele é teimoso demais, e é desse jeito que está perdendo o que Deus tem para ele, no sexo; tudo porque ele não quer dedicar nenhum tempo a aprender e ouvir.

Conversei também com outro casal e fiquei sabendo que a esposa havia tido poucos orgasmos durante os cinco anos do seu casamento. O marido dela era lento demais para acompanhar, além de egoísta demais para perceber o dano que estava causando à sua adorável esposa. Todas as noites, ela temia ir para a cama porque sabia a dor que teria que suportar, sentindo-se totalmente desvalorizada por não ter nenhum alívio sexual. Assim, ela apresenta todos os tipos de desculpas — estando cansada demais, ou querendo ficar acordada até mais tarde, ou qualquer outra. Perguntei a ela por que não conversava com ele a respeito disso, e ela respondeu:

— Eu não quero ferir o ego dele porque ele pensa que é um amante excelente.

Agora, não é preciso ter muita inteligência para perceber que a sua esposa não está reagindo sexualmente como deveria; sendo assim, tudo o que você tem a fazer é se abrir e admitir que cometeu alguns enganos, que você está fazendo algo errado e que precisa de ajuda. Esse é um problema em seu lar, e tudo por que você não é suficientemente atencioso para descobrir como lidar com o problema. Em vez disso, você se irrita, se rebela, você olha para o outro lado, você sente raiva, você se aproveita, você não dá o valor necessário. Você faz tudo, exceto a única coisa que você, e apenas você, pode fazer, que é procurar ajuda — ou então ser suficientemente corajoso para se abrir com sua esposa a respeito do problema, além de paciente o suficiente para diminuir as ansiedades que você causou e também ser gentil o suficiente para admitir que a culpa é sua.

Deus criou o sexo, e ele é bom. Mas você o tornou feio com sua atitude feia, sua falta de vontade de permitir que seja a resposta de uma esposa amorosa a um esposo amoroso, que se envolve nos detalhes de sua vida doméstica, que estuda sua esposa e conhece suas necessidades supremas, que cuida dos assuntos da família e se encarrega de que as contas sejam pagas e as decisões sejam tomadas, que é compreensivo e que disciplina os filhos e lhes ensina o amor de Deus pela maneira como demonstra amor à sua esposa no lar.

Então, como um bom rei, você deve ser o *perseverante* para fazer amor, e não o *pervertedor* do fazer amor. Persevere, independentemente das influências contrárias, da oposição e do desencorajamento. Caso contrário, você perverterá todo o plano de Deus em relação ao sexo e acabará como um rei arruinado, com um reino em escombros.

Como um bom rei, também é sua responsabilidade iniciar o departamento de reconciliação e perdão. Não espere sua esposa dizer: "Desculpe". Você deve começar com aquelas sete palavras muito importantes: "Eu estava errado. Por favor, me perdoe". Sua atitude pode ser: "Mas eu nunca estou errado!". Mas Deus é o nosso Rei e, embora Ele definitivamente não estivesse errado, ainda assim iniciou nossa reconciliação com Ele, enviando o Verbo, Jesus.

Assim como [Ele] nos escolheu, nele, antes da fundação do mundo, para sermos santos e irrepreensíveis perante ele; e em amor (Ef 1.4, ARA).

Esse tipo de rei é seguro e oferece perdão e proteção à sua esposa. Ele não vê nenhuma falha nela, pois a ama tão profundamente como Cristo amou a sua esposa, a Igreja. *"Benignidade e verdade guardam o rei, e com benignidade sustém ele o seu trono" (Pv 20.28).* Com um amor e uma fé assim, o seu lar, a sua casa, estará edificada sobre a rocha e *"as portas do inferno não prevalecerão contra ela" (Mt 16.18).*

NOVE

Novos Caminhos para a Paz

Uma das mais importantes funções de uma família é a proteção. *"E não nos induzas à tentação, mas livra-nos do mal"* (Mt 6.13). Como esse é um dos pedidos que Jesus ensinou aos seus discípulos a fazerem ao seu Rei-Pai, então me parece de extrema importância para nós, pais terrenos. Creio que isso é o que Paulo tinha em mente quando escreveu:

"Vós, maridos, amai a vossa mulher e não vos irriteis contra ela" (Cl 3.19).

E, novamente,

"Não provoqueis a ira a vossos filhos" (Ef 6.4).

É o amor do Rei que protege (cobre) o seu Reino e impede que o maligno ataque com suas armas de ira, amargura e rancor, que estão sempre tão presentes em nossos reinos. Esse "amor" que protege a família de um homem é o "caminho melhor" de 1 Coríntios 13, e as armas de Efésios 6.10-18 são o equipamento completo de um rei piedoso.

Nós, homens, somos bastante culpados de tentar nossas esposas à amargura e desrespeito, pela nossa incapacidade de cuidar das finanças. Muitos homens expõem suas esposas às perturbações do mundo, por causa dos problemas financeiros em que eles se envolvem. Quando há falta de amor num lar, o vazio frequentemente é ocupado por objetos materiais, que custam caro. O problema financeiro causado pela substituição de amor por coisas frequentemente exige que a esposa trabalhe fora de casa.

Agora, não sou tão ingênuo a ponto de dizer que todas as mães ou esposas que trabalham fora assim o fazem porque há falta de amor por parte do esposo. Na descrição que o rei Lemuel apresenta de uma esposa verdadeiramente boa, em Provérbios 31.24, vemos que ela *"Faz panos de linho fino, e vende-os, e dá cintas aos mercadores"*. Assim, há um momento legítimo para que uma esposa auxilie no orçamento familiar. Se, no entanto, isso causar à esposa estresse ou tensões indevidas, ou se lhe der uma desculpa para fugir de suas responsabilidades como esposa e mãe, então é preciso uma cuidadosa consideração para determinar o verdadeiro problema. Eu me preocupo com homens que forçam ou permitem que suas esposas trabalhem fora, pela crueldade de sua motivação egoísta para adquirir mais prestígio social, à terrível custa de suas esposas e filhos.

Percebo que não existe nenhuma solução universal para este satânico mecanismo do materialismo, que destrói lares; um homem, porém, que está sob o controle do Espírito Santo será capaz de oferecer a máxima proteção da sua luz e orientação nesse labirinto de materialismo.

Não somente há o problema de que os homens não ganhem dinheiro suficiente para assegurar o sustento do lar, mas também a situação de homens com salários adequados que transferem para suas esposas a responsabilidade de "suar" no jogo do pagamento de contas. Há muitos argumentos a favor e contra nessa área da vida doméstica, e eu não ouso ter a última palavra, mas a melhor palavra é a Palavra de Deus, a qual ensina que o esposo é a cabeça de sua esposa (1 Co 11.3) e, como tal, deve lhe oferecer proteção.

Essa área das finanças é apenas uma das áreas em que o homem (rei) deve proteger sua esposa da pressão e da responsabilidade de decidir que conta será paga e de onde virá o dinheiro. Isso não quer dizer que ela não deva lidar com o dinheiro, e sim que ela não deve ter sobre si o peso de decidir que conta será paga, nem de ganhar o sustento.

Outra área de proteção que as mulheres necessitam de seus esposos é nas circunstâncias sociais. Prestar atenção à sua própria esposa em situações em que há outros homens envolvidos é saudável e benéfico. Porém, quando um esposo permite que sua esposa seja exposta aos homens embriagados e brutos em uma reunião social, o casamento corre riscos. As festas fazem parte da vida gregária dos seres humanos, mas se os homens forem negligentes em dar apoio a suas esposas numa ocasião em que suas defesas possam estar baixas, isso acabará contribuindo com um cenário desvantajoso. Há um grande número de lares desfeitos pela atitude descuidada de esposos que permitem suas esposas serem expostas a homens devassos. Se você não proteger sua esposa, ninguém mais o fará.

A responsabilidade de um homem como rei-pai é bem exemplificada no caminho do amor, como o Espírito Santo inspirou o apóstolo Paulo a escrever à igreja de Corinto. Em sua análise do amor, o Espírito Santo deixa claro que o amor oferece proteção. Guiado pelo Espírito Santo, Paulo oferece nove qualidades do amor (1 Co 13.4-5) que um homem pode usar.

Quando pedimos a você que ame sua esposa como Cristo amou a Igreja, estamos pedindo a você que seja as nove coisas seguintes: paciente com sua esposa e sua família, gentil, generoso, humilde, cortês, altruísta e abnegado, de bom-humor, irrepreensível e honesto.

Agora, deixe-me exemplificar como essas qualidades podem ser utilizadas de modo prático. Quando você e sua esposa estiverem em circunstâncias sociais, esta será uma oportunidade perfeita para protegê-la, sendo cortês.

Não faz muito tempo, eu estava num evento social em que haviam sido convidados vários casais para um jantar no qual todos contribuíam com um prato. À medida que os casais entravam, era interessante observar como agiam e interagiam uns com os outros. Enquanto comíamos, eu me flagrei perguntando às esposas de outros homens se poderia lhes trazer mais bebidas ou mais salgadinhos e, então, ocorreu-me que eu estava usurpando o direito e o privilégio dos maridos fazerem isso por suas próprias esposas. Quando outras esposas estavam prontas para se sentar, os homens eram corteses com as outras senhoras, ajeitando suas cadeiras ou vendo se tinham tudo o que necessitavam. Mais tarde, pensando nisso, percebi que cada esposo precisa ser cortês, doce e atento com a sua própria esposa. Como disse uma esposa: "Não quero que meu esposo dê a outras esposas a atenção que ele deveria dar a mim". Quando cada marido presta atenção à sua própria esposa, há uma doce proteção impedindo que surjam muitos sentimentos errados entre os casais.

Antes que a noite chegasse ao fim, vi esposos sendo pouco corteses e egoístas com suas esposas e, sem dúvida, deve ter tardado algum tempo para que esses casais voltassem a ter um relacionamento adequado. Ainda que pareça estranho, a maioria de homens ou mulheres não sabe, na verdade, o que está acontecendo. Tudo o que sabem é que há algo errado e, por isso, não sabem como lidar com a situação. Como seria fácil se cada marido protegesse a sua própria esposa — sendo gentil, atento e altruísta para com ela.

Por exemplo, no caso de casais não crentes, que costumam dançar, um homem deveria saber se sua esposa se sente incomodada por dançar com outros homens e, em caso afirmativo, então ele deveria oferecer proteção a ela desses homens que a convidem para dançar, dizendo: "Sinto muito, ela é minha companhia esta noite", ou algo que informasse aos outros homens que o marido não permitirá que sua esposa dance com outra pessoa além dele. Isso pode parecer pouca coisa, e muitos homens, e até mesmo algumas mulheres poderão dizer: "Bem, isso não é insignificante?" Mas se não começarmos a atacar alguns desses problemas que se apresentam de maneira "insignificante" (é isso o que é cortesia), então vamos continuar a ter esse tipo de confusão entre casais.

Eu ouvi homens e mulheres dizerem: "Eu não quero dizer nada a respeito do meu marido abrir a porta do carro para outra mulher — isso é muito insignificante". Ou um esposo dirá: "Eu ficarei parecendo um marido ciumento se não deixar que minha esposa dance com outros homens". Ele não percebe que, se aprendesse a dançar e oferecesse a ela proteção e cortesia, sua esposa lhe retribuiria com amor.

Quando casais saem juntos, levanta-se um muro quando a esposa sente que não é muito importante. O marido que ignora sua própria esposa ou negligencia as suas necessidades, realmente fere sua esposa. Ela mal consegue suportar isso.

Percebo que há algumas esposas que não estão recebendo amor e atenção de seus próprios esposos e, quando algum outro homem é cortês e atencioso com elas, isso abre espaço para sentimentos que podem ser mal direcionados. A situação sai de controle antes que você perceba.

Como muitos homens deixam de cumprir a responsabilidade de dar às suas esposas amor e atenção, suas esposas buscam isso em outros homens. Essas mulheres que flertam têm esse comportamento devido aos seus maridos. As mulheres que buscam atenção de outros homens criam tensão entre casais em qualquer grupo em que haja maridos e esposas juntos. Estou ciente, por meio do trabalho de aconselhamento, que as esposas cujos maridos correspondem ao flerte de outras mulheres se aborrecem muito. Os homens acham que é bobagem suas esposas se aborrecerem por uma "coisinha insignificante" como essa. Quando um homem ri e diz à sua esposa: "Querida, isso é bobagem", isso fecha uma porta e faz com que ela comece a nutrir sentimentos de ressentimento pelo seu marido, porque ele deixou de protegê-la.

Se você perceber que sua esposa se incomoda quando você presta atenção a uma mulher que flerta, o elegante e cortês a fazer é ouvir sua esposa e mostrar atenção a ela. Assim fazendo, o amor dela será retribuído a você de uma maneira favorável. Afinal de contas, é mais importante impressionar sua própria esposa do que a de outro homem, sem falar que as recompensas são muito maiores. Tudo o que um homem tem a fazer é ignorar a mulher que flerta, e ela vai seguir o caminho dela; acontece que muitos homens não fazem isso porque apreciam a atenção e os sentimentos que recebem. Isso é ser descortês, egoísta, orgulhoso e desonesto. Tudo isso demonstra falta de amor por sua própria esposa e, por consequência, falta de proteção a ela. Quando um homem diz: "Mas, querida, você sabe que eu amo você", e, ainda assim, a esposa sente que está sendo ignorada, ela acreditará em seus próprios sentimentos antes de crer no que ouve seu marido dizer.

Proteger sua esposa dá uma cor diferente quando vocês estão em público. Uma coisa é mostrar amor à sua esposa atrás de portas fechadas e persianas baixadas, e outra é mostrar amor à sua esposa em público. As duas coisas são necessárias. Há muitos pequenos atos de gentileza que se perdem, que nós, homens, deixamos escapar; como resultado, temos que colher as consequências. Homens, acreditem em mim: são as pequenas coisas que têm importância no final. As grandes coisas, como prover dinheiro para as necessidades da vida diária, são uma brisa, mas são as palavras de elogio que trazem resultados de ouro.

> "Como maçãs de ouro em salvas de prata, assim é a palavra dita a seu tempo" (Pv 25.11).

São essas palavras de elogios que protegem a esposa de um homem do mundo, porque, então, o mundo saberá como um homem se sente a respeito de sua esposa. É muito mais fácil para um esposo criticar sua esposa do que enaltecê-la. Muitos homens têm receio de deixar outros homens saberem o quanto eles amam suas esposas. Já é suficientemente difícil um esposo elogiar sua esposa em particular; quanto mais em público. Mas se os homens apenas soubessem quão maravilhosa e adorável uma esposa se sente quando seu marido a defende ou protege e a elogia em público, eles o fariam continuamente. Isso sem dúvida edifica o relacionamento, tornando-o resistente e forte.

Precisamos entender que o casamento é mais que um contrato; é um relacionamento. E esse relacionamento é mantido vivo através da nossa gentileza e cortesia, bem como da nossa franqueza no diálogo e na convivência. Por que é tão difícil para um homem ser gentil com sua esposa? Acredito que seja por ele ter medo. Ele teme o que outras pessoas vão pensar, ou então teme que a sua esposa se aproveitará dele. O que ele não sabe é que colherá gentileza, respeito e paz por parte de todos os que virem e souberem, especialmente de sua própria esposa. O temor é um espírito que atormenta, e esse espírito é eliminado no amor perfeito (maduro).

> "No amor, não há temor; antes, o perfeito amor lança fora o temor; porque o temor tem consigo a pena, e o que teme não é perfeito em amor" (1 Jo 4.18).

Noutras palavras, quando um homem é cortês, paciente, humilde, bem-humorado e equilibrado, está exibindo o verdadeiro amor.

Estamos falando de maneiras muito sutis para que você, como esposo, possa dar proteção à sua esposa. É o egoísmo de um homem que acaba com a alegria da vida familiar. Nós realmente precisamos examinar nossa motivação — ou seja, por que fazemos o que fazemos. Um bom exemplo do que estou falando aconteceu comigo recentemente. Eu pensei em preparar o café da manhã para minha esposa, certo sábado, porque queria mostrar a ela o meu amor. Sendo assim, eu me levantei, peguei a frigideira, preparei salsichas, *bacon* e panquecas, fiz café, entrei no quarto, beijei minha esposa e disse a ela que o café estava pronto. Quando ela saiu, olhou para a mesa e percebeu que não havia suco de laranja, e disse:

— Vou fazer um pouco de suco de laranja.

Eu me irritei e exclamei:

— Enquanto você faz isso, suas panquecas vão esfriar!

Ela respondeu:

— Bem, Page, você está mais preocupado com as panquecas frias ou comigo?

Daí, então, eu percebi que todo o meu esforço não fora por Patti, e sim pelo meu próprio ego — que é a maneira como faço muitas coisas. Essa foi uma lição para mim. Eu me irritei porque Patti não havia recebido o que eu "pensava" ser um esforço de amor e acabei reagindo de maneira egoísta, com raiva e autopiedade. Você diz: "Ah, isso, sem dúvida, é uma coisa sem importância", e tem razão. Cortesia é o amor praticado nas coisas sem importância. Quando um homem encosta uma lâmina na sua barba todas as manhãs durante uma semana, ela acaba ficando "cega" para barbear. Quando ele substitui aquela lâmina, percebe a diferença que é ter um barbear limpo, agradável e suave. Homens, o que eu quero dizer é que esses pequenos atos de gentileza e cortesia são maneiras de manter a lâmina afiada, por assim dizer, e fazer um favor a si mesmo — manter um lar suave, gentil e doce, onde a paz e a prosperidade governam.

Quando você e eu levarmos a Palavra de Deus a sério, crermos nela e vivermos de acordo com ela, estaremos rodeados pelo amor do Pai, e nossos lares estarão protegidos do mal. O que Satanás quer é confundir e enredar a família para que ela perca a sua eficácia. Se Satanás puder entrar no lar, ele estará no caminho certo para atrapalhar a boa e perfeita vontade de Deus. E permitiremos que o Diabo faça isso, homens, se não aderirmos à Palavra (se não confiarmos em Deus).

Se Deus nos diz que o amor não busca o seu próprio caminho, então por que somos tão obstinados em andar pelo nosso próprio caminho? Se a Bíblia nos ensina que o amor é humilde, então por que somos tão arrogantes? Se o Espírito de Deus nos mostra que o amor é bem-humorado, então por que somos tão mal-humorados? O fato é que nós, homens, não estamos dispostos a admitir que somos egoístas e que estamos desobedecendo à Palavra de Deus e, por consequência, estamos destruindo os lares que o próprio Deus estabeleceu.

A proteção dos nossos lares acontece quando obedecemos à vontade de Deus e amamos as nove maneiras listadas, não apenas em relação às pessoas que trabalham conosco, mas também em relação às pessoas em nosso próprio lar. Se o amor começar em casa, então que ele seja o verdadeiro amor — e não apenas um homem entregando o pagamento dele à sua esposa, para ela depositar no banco. O amor é, na verdade, um homem dando lealdade à sua esposa — não importando o custo — crendo nela, sempre esperando o melhor dela e sempre a defendendo.

Se você ama alguém, você será leal a essa pessoa, não importando o custo. Você sempre crerá nela, sempre esperará o melhor dela, e sempre a defenderá (1 Co 13.7, na versão TLB [The Living Bible]).

Um rei verdadeiro, um bom rei, é aquele que toma todos os cuidados necessários para que a sua esposa tenha todas as provisões para a vida, para a alegria, para a paz, para a saúde e para a proteção contra Satanás e o seu mundo. Essa é, naturalmente, a exigência absurda que não pode ser alcançada sem Cristo, como Rei, em sua vida. Se Cristo governar sua alma, então você poderá governar sua casa.

Deus delegou a você a autoridade e a soberania. O caminho que o lar segue é o caminho em que você o faz seguir, ou então o caminho que você permite que siga. Portanto, caso haja algum problema em seu reino, você será responsável por fazer com que a situação venha se endireitar. Você deverá lidar com os problemas mesmo que isso signifique que o casal tenha que procurar aconselhamento. O que você pode achar que não é *nada* grave pode ser um problema *muito* grave, e você simplesmente não o está encarando. A maioria de nós acha que, se não há muito ruído, então é sinal de que tudo vai bem em casa. Ou você pode pensar: "por que mexer na situação se a esposa não está discutindo ou se ela não está muito zangada?". Mas a natureza da mulher é deixar que as coisas se acumulem, até que ela exploda.

Os homens dizem: "A cada poucos anos, minha esposa tem uma dessas explosões, e nós temos vivido assim durante toda a nossa vida de casados".

Meu comentário é: "Por que é que nós, homens, não tentamos descobrir o que está causando o problema e não lidamos com a verdade?". Tudo o que precisamos fazer é dizer: "Querida, diga-me o que devo fazer". Nossas esposas podem nos dizer muitas coisas se nós apenas as ouvirmos e, ao mesmo tempo, estaremos fazendo um grande favor a nós mesmos.

É responsabilidade do esposo ser aquele que impulsiona (e não aquele que agrava) na política de tomada de decisões no seu lar. Muitos homens se tornam tão descuidados nessa área que a entregam completamente a suas esposas. Os maridos apaziguam suas esposas a tal ponto que eles, os chefes do lar, acabam tomando pouquíssimas decisões. Eles deixam suas esposas decidirem onde vão, o que vão comer, quando, onde e com quem terão a sua vida social. Naturalmente, um homem que faz isso pode, com facilidade, culpar a esposa quando as coisas não funcionam bem, porque ele foi fraco demais para tomar as decisões e arcar com as consequências.

Você pode ser um daqueles sujeitos que sente pena de si mesmo e que diz: "Bem, eu nunca vou conseguir fazer o que quero, então por que não deixar que ela faça o que ela quer?". Todo esse tempo, você pensa que está sendo doce, quando, na verdade, está sendo fraco. Por quê? Porque você não aguenta a reação de uma esposa desapontada e enfurecida. Então, você explica a si mesmo: "Vou deixar que ela faça como bem quiser; então, direi a ela quando quero ter uma relação sexual ou ir a algum lugar com os meus amigos".

Um casal que conheço desenvolveu um bom sistema para usar a ordem divina. Percebendo que ele deveria ser o incentivador e tomar todas as decisões no seu lar, ele deu à sua esposa a liberdade para dizer o que ela sente e pensa. Aí, depois de ter ouvido cuidadosamente os comentários dela, ele toma uma decisão. Ao mesmo tempo, quando sua esposa fica agressiva demais no diálogo, ele diz: "Querida, você precisa recuar um pouco". Assim, eles têm um princípio que funciona e que cria um relacionamento amoroso de dar e receber, ainda que ambos reconheçam as fraquezas dos dois lados. Isso se baseia em amor e verdade, além de contribuir para a paz e a realização no seu lar.

Uma mulher se sente realizada quando pode expor suas ideias e pensamentos, ou mesmo suas críticas e observações, livremente, ao seu esposo, sem que ele se aborreça. Se você é um bom rei, então ouvirá o conselho dos chefes de departamento e tomará suas decisões, assumindo toda a responsabilidade por todos os erros. Nós, homens, temos dificuldade para admitir nossas culpas e más decisões, e, de modo geral, explicamos ou lançamos a culpa sobre nossas doces e queridas esposas.

Deus me deu um sentimento real da pressão que nós, maridos, colocamos sobre nossas esposas, devido às nossas atitudes hipócritas. De acordo com a ordem de Deus, a esposa deve estar sujeita ao esposo. Porém, quando ele não toma as decisões, quando ele não tem as coisas sob seu controle, quando ele deixa de ser o líder espiritual, isso causa angústias e dores desnecessárias ao coração de sua esposa. Como reis, você e eu devemos lidar com os nossos problemas, sob a liderança do precioso Espírito Santo, olhando diretamente para os fatos e a verdade, sob a sua luz.

As características de um homem do Reino, compiladas no Sermão da Montanha, são, talvez, o melhor projeto para uma nova ordem na vida familiar, bem como no Reino de Deus. Se você e eu seguirmos esse projeto com fé, com a ajuda do precioso Espírito Santo, veremos uma transformação fenomenal em cada aspecto da vida familiar. Estude Mateus 5-7, considerando o precioso Espírito Santo com o seu próprio reino (lar) em mente, e veja se isso não traz uma nova esperança, felicidade e santidade ao seu lar.

Como Deus deu ao homem, "em Cristo", o título real de "Conselheiro", ele precisa consultar o Senhor, comparecer diante do tribunal do seu Senhor para receber conhecimentos do passado, do presente e do futuro. Sendo assim, um esposo precisa orar muito. "Antigamente em Israel, indo qualquer consultar a Deus, dizia assim: Vinde, e vamos ao vidente" (1 Sm 9.9).

A principal função do marido, ou profeta, é receber, por meio da orientação do Espírito Santo, conhecimento sobre cada área da vida familiar. É por meio da oração que nós, homens, conseguimos enxergar as várias necessidades de nossas esposas e filhos. Eu acho que, se eu fizesse uma pesquisa de opinião entre os homens que frequentam regularmente a casa de adoração do Senhor e perguntasse a eles: "Quando foi a última vez em que você e sua família se reuniram e oraram?", obteria uma resposta do tipo: "Não sei. Provavelmente, faz muito tempo. Além disso, é difícil conseguir reunir minha família por algum tempo".

Tenha muito cuidado para entender este mistério da oração, pois a falta de tranquilidade doméstica leva ao fracasso na oração, e é a oração que lhe traz conhecimento.

"Vós, maridos, coabitai com ela [vossa esposa] com entendimento, dando honra à mulher, como vaso mais fraco; como sendo vós os seus coerdeiros da graça da vida; para que não sejam impedidas as vossas orações" (1 Pe 3.7).

Como um profeta, você é um "vidente", alguém a quem são dados poderes sobrenaturais para "ver" além do óbvio, até as consequências espirituais e morais de várias ações e reações da atividade familiar. Se você, porém, não tratar sua esposa como deveria, não for atento e não considerar as necessidades dela, então o seu papel como profeta será diminuído, pois você perderá contato com a fonte de sua sabedoria e verdade.

Devo confessar neste ponto que, sendo eu ministro de uma igreja, sou muitas vezes incapaz de receber a unção por não estar tratando minha família correta e adequadamente. Fico impedido de receber a verdade e o poder do precioso Espírito Santo durante o culto de adoração e pregação por causa do mau relacionamento que tenho com minha esposa e filhos. Essa não é a única razão pela qual nós, ministros, não somos proféticos em nossa pregação, mas certamente contribui para grande parte da ineficácia do púlpito nestes tempos.

A esta altura, sua pergunta poderia ser: "Bem, eu não sou pregador, então por que é que você fala comigo a respeito de ser um profeta, ou então fala da ineficácia do púlpito?". Devo lhe dizer que, como o líder espiritual de seu lar, você se torna o pregador e o profeta. Para ser eficaz nessa função, você deve se manter em contato com Deus Pai através da oração. Esse contato fica impedido quando você não trata adequadamente sua família. É simples assim.

Há muitas causas para o fracasso na vida de oração, como a falta de fé e obediência, a falta de compaixão, de gratidão, de amor e de perdão; além de pecados de atitude mental como soberba, preocupação, ciúme, temor, ira, ódio, autopiedade, adultério mental, obstinação e rebelião; além de pecados de luxúria, como idolatria, feitiçaria, paixão pelo sexo, embriaguez, homicídio e festas selvagens; sem falar de pecados da língua, como mexericos, críticas e linguagem obscena.

Se você observar, muitas dessas causas para o fracasso na oração estão muito intimamente relacionadas ao cenário doméstico, à ira e à confusão na família. A atribuição de trazer a ordem a esse caos recai sobre os ombros do presidente do conselho, o esposo. Essa é uma função para um super-homem (sobrenatural), de modo que faz com que um homem se confesse e se arrependa, para prepará-lo para ser cheio do Espírito Santo. Quando ele está cheio do Espírito Santo, a sua cabeça é ungida com azeite (a comunhão com o Senhor) e o seu cálice transborda (as bênçãos são abundantes).

É nesse ponto que um homem se torna o profeta em sua família, podendo ver, com clareza, as necessidades que tem na área do espírito, além do físico. É fácil perceber quando os seus filhos precisam de sapatos novos, ou de roupas, ou até mesmo de brinquedos; porém, é mais difícil perceber as suas necessidades psicológicas, sociais, emocionais e espirituais. Isso é especialmente verdadeiro quando você está cego pelos seus próprios desejos egoístas. No entanto, quando você está seguindo a ordem de Deus e está sendo obediente na fé, então pode "ver" quais são essas necessidades e tomar decisões para lidar com elas. Muitas casas têm a necessidade de maridos que cuidem para que a sua esposa e filhos venham receber o alimento espiritual apropriado, e também que orem e adorem a Deus juntos.

Ser um profeta no seu lar trará ricas recompensas. Quando você é capaz de identificar o que deixa sua esposa feliz e de saber o que a desaponta, o que a motiva, o que a ajuda, o que a entusiasma, o que a ofende, o que a agrada, o que a envergonha, o que a deleita e o que dá prazer a ela, ou alegria, ou paz, então você está atuando como um profeta.

É como profeta que você sabe que tipo de presente dar à sua esposa. Certa vez, ouvi um homem dizer:

— Quando minha esposa e eu nos casamos, eu trazia presentes *pra* ela. Só que ela sempre se queixava de que eles não serviam, ou que tinham a cor errada, ou que eram de mau gosto; então, você quer saber de uma coisa?

Eu disse:
— Sim, já sei. Você deixou de comprar presentes para ela, e agora você lhe dá o dinheiro e diz para ela ir e comprá-los.
— Isso mesmo — respondeu ele — mas como é que você sabe?
— Eu sei porque costumava ter a mesma atitude — disse eu.
— Você quer dizer que mudou de ideia a respeito disso? — perguntou ele.
— Sim — respondi — Agora entendo que, sendo eu um profeta em meu lar, devo pedir a Deus que Ele me dê o conhecimento para saber do que minha esposa gosta e do que ela não gosta. Eu devo estudá-la, assim como eu estudaria as características de um animal que quero caçar ou de um peixe que quero pescar. Agora percebo que ela é a presa mais importante da minha vida e, se eu lhe der tudo o que puder, a recompensa será grande.

Ele apresentou uma expressão desconcertada, como se eu fosse um pouco louco, porque ele sempre havia pensado que, uma vez que você tenha conseguido a sua esposa, uma vez que você a tenha feito caminhar pelo corredor da igreja e tenha colocado um anel no dedo dela, você não precisará mais se preocupar em mantê-la ao seu lado.

— Eu fazia tudo isso antes de nos casarmos — disse ele — mas não quero nem pensar em fazer isso agora!

Se você tem a mesma atitude, então está realmente perdendo a alegria, a excitação e o desafio de estar casado. Onde é que os votos do casamento dizem que você não precisa mais parecer vivo, estar vivo e agir como vivo? Você está casado "até que a morte os separe" e "durante toda a vida de vocês".

Há muitos casais que conheço que estão "mortos" porque o marido permite que o seu casamento morra. Eles apenas ainda não tiveram um funeral. É por isso que tantos casamentos "cheiram mal" — é porque estão mortos. Quando a atitude de um homem não demonstra nenhum desejo de fazer algum esforço para estudar, entender e agradar a sua esposa, então o casamento está morto.

Eu não recomendo o divórcio; eu recomendo a ressurreição. O propósito deste livro é trazer de volta à vida esses milhares e milhares de casamentos que são cadáveres. O homem tem a responsabilidade de iniciar o processo de ressurreição, mas ele não pode fazer isso morrendo para sua esposa, somente morrendo para si mesmo. Uma vez que o ego (o velho homem) esteja fora do caminho, então o casamento volta à vida.

Um segundo casamento jamais é a resposta. Deus fará com que você consiga outra esposa exatamente como a que você já teve, de modo que você poderia muito bem ficar com a primeira e livrar-se de suas antigas atitudes, pecados e ego. Se um homem se casa pela segunda vez e diz: "Puxa, esta esposa aqui é muito melhor que a primeira", está apenas se enganando. Não vai demorar muito, e o romance terá desaparecido outra vez, e ele estará pronto a trocá-la por outra nova esposa. Essa não é a maneira como Deus lida com o assunto e, quanto antes aprendermos a maneira de Deus, melhor será para todo o nosso mundo.

Há muitos homens que querem internar suas esposas em alguma instituição de tratamento mental para poderem conseguir uma nova esposa e fazer a mesma coisa a ela. As razões pelas quais tantas esposas estão mentalmente doentes é que nós, homens, as levamos a esse outro mundo, onde elas tentam escapar, mas, mesmo ali, elas têm sido assombradas pelos ecos de homens pecadores, séculos após séculos.

Muitas mulheres tentam escapar de seus esposos mortos, experimentando cada nova moda ou mania que aparece. Nós, porém, não devemos culpá-las; encaremos a verdade e veremos que é a nossa atitude de egoísmo que fez isso acontecer. Os homens se queixam porque suas esposas se interessam pelo espiritualismo, ou feitiçaria, ou por todos os tipos de atividades loucas; mas, vamos encarar os fatos — a culpa é dos homens.

Pelo fato de nós, homens, não sermos os líderes espirituais, os profetas em nossos lares, permitimos que aconteça uma grave injustiça e, durante o tempo todo, fazemos com que nossas esposas se sintam culpadas, quando tudo isso é culpa nossa.

Na área da paternidade, o profeta pode ver as necessidades de seus filhos. A maior necessidade que eles têm é um bom exemplo, porque são imitadores. Quando os filhos veem em seu papai um grande amor e admiração da parte dele pela mamãe, eles, então, repetirão esse exemplo e respeitarão tanto a ela quanto a ele.

Quando um homem é disciplinado sob a autoridade do precioso Espírito Santo, então ele dá um bom exemplo. Caso contrário, ele se torna um mau exemplo. Se você não é suficientemente disciplinado para fazer o que deve ser feito na sua casa e, ao invés disso, desperdiça tempo ou não faz nada, então como espera que seus filhos sigam em frente? Quando o filho volta para casa, vindo da escola e, supostamente, tem que fazer a lição, ou alguma tarefa, ou então praticar algum instrumento ou esporte, como você pode esperar que ele tenha autodisciplina quando você não a tem? Você não será capaz de enganar uma criança, dizendo uma coisa e fazendo outra. Os filhos captam sentimentos e podem perceber quando você se ressente de sua esposa e se rebela contra ela. E esse filho crescerá com esses sentimentos internos de tumulto e luta, e também com ressentimento e rebelião, e ele nem mesmo sabe o motivo de tudo isso. Mas tudo isso se deu porque você falhou em sua responsabilidade de assumir e fazer as coisas que deveria estar fazendo na sua casa; tudo porque você não tem autodisciplina.

Eu estava interessado em ver que tipo de reação obteria de homens que fumam, que não são autodisciplinados o suficiente para controlar quando e onde fumam. Minha esposa e eu convidamos cerca de doze casais não crentes à nossa casa, numa ocasião em que eles sempre haviam podido fumar antes. Mas, desta vez, quando chegaram, nós pedimos a eles que não fumassem em nossa casa naquela noite.

Houve todos os tipos de reações. Alguns pensaram que estivéssemos brincando. Alguns ficaram indignados. Alguns continuaram fumando. Alguns se sentiram bastante desconfortáveis. Alguns aceitaram o pedido e não fumaram, até voltarem aos seus carros.

O que estou querendo dizer é isto: vocês, homens que são incapazes de lidar com mudanças, ou com regras e regulamentos, ou com consideração pelos direitos dos outros por não terem autodisciplina, transmitirão padrões muito insuficientes de influência às suas famílias.

Há apenas uma maneira para uma família estar permanentemente estabilizada, e não é com o esposo ganhando um salário fabuloso; não é aumentando suas atividades sociais; não é mudando-se para o interior ou para a periferia; não é trocando de esposa; não é nas férias, ou nos clubes, ou na política, ou mesmo na recreação. Uma família está permanentemente estabilizada e cheia de alegria quando o marido segue a ordem divina e exerce a sua função como sacerdote, rei e profeta de acordo com as instruções do Senhor, vivendo sob a orientação divina e sob os princípios da Palavra de Deus.

Muitos homens estão descobrindo que isso é verdade e perguntam a si mesmos por que se rebelaram por tanto tempo, por que não ouviram antes, por que isso não lhes foi ensinado e por que outros ainda estão tentando meios diferentes.

Por que continuar esperando? Decida-se agora mesmo a obedecer à regra e entrar no Reino de Deus Pai para você poder se tornar o marido e o pai correto para a sua família.

Vivemos dias em que os lares estão à beira do desastre. Maridos e esposas seguem em direções opostas. Filhos se rebelam contra tudo e todos. A solução é muito simples — basta os homens mudarem as suas atitudes, tornando-se os sacerdotes, os reis e os profetas de seus lares, os quais Deus tencionou que fossem.

Quanto melhor você tratar sua família, melhor será *a* família. O contrário também é verdadeiro. Quanto pior você tratá-los, piores eles serão.

Marido, ame sua esposa, tratando-a com um amor sacrificial, a tal ponto que você perceba e esteja ciente das necessidades dela, como aquele que toma as atitudes. E dê a ela o seu amor — amor e mais amor. Então, faz um favor a si mesmo e ame a sua própria esposa.

DEZ

Eu Fiz um Favor a mim mesmo

Os pensamentos a seguir vieram de um jovem que esteve exposto aos princípios deste livro:

> Fred e eu havíamos chegado tarde ao local da fogueira, pois estivemos jogando sinuca na sala de recreação situada à entrada do acampamento. Era uma daquelas mesas de sinuca operadas por moedas. Nós não queríamos desperdiçar nosso dinheiro e então pensamos que não prejudicaríamos a ninguém se chegássemos um pouco tarde à reunião que havia sido marcada previamente para discutir os relacionamentos familiares na ordem divina.
>
> Sem dúvida, os outros homens já estavam sentados ao redor do fogo, que estava bem feito e proporcionava bastante calor. Eu me senti meio que culpado quando me sentei na cadeira de jardim que alguém havia trazido para meu uso. As crianças estavam em outra área com um jovem estudante de ministério, e nós esperávamos que estivessem discutindo a mesma coisa ao redor de sua fogueira.
>
> A conversa estava bem adiantada, e não tardou muito para que entendêssemos a mensagem. Enquanto eu estava sentado ali e ouvindo o que o ministro dizia, aquelas sensações de calor que eu sentia não vinham da fogueira. Era uma profunda rebelião interior que estava chegando à superfície, atacando os pensamentos deste homem, a quem eu teria considerado meu melhor amigo.
>
> Será que ele havia se unido ao movimento de liberação feminina? Passado para o outro lado? Ou estaria ele sob a influência de sua esposa? Todos os tipos de pensamentos passaram pela minha mente. Eu não me deixaria importunar, nem assumiria a culpa por todas as coisas que davam errado em nossa casa. Esse sujeito falava loucuras, e os outros sujeitos estavam contando todos os seus problemas sem (achava eu) fornecer todos os fatos e perguntando a Page: "Eu sou culpado?", e ele sempre respondia: "Sim". Eu me lembro do

que ele disse ao nos transmitir a ordem divina: "Vós, maridos, amai vossa mulher, como também Cristo amou a igreja e a si mesmo se entregou por ela".

Eu não podia aceitar essa coisa de amar a esposa de um modo sacrificial; minha natureza é ser egoísta. Quando voltávamos para casa, naquela tarde de setembro, perguntei a mim mesmo quantos dos demais se sentiam como eu e quantos se sentiam como ele.

Com o passar do tempo, nós ouvimos alguns sermões de Page a respeito da "Ordem Divina", a ordem que fora dada por Deus. Eu não percebi isso, mas grande parte da doutrina que Page pregou antes da viagem ao acampamento e junto à fogueira havia encontrado um lugar em minha memória, e, mais tarde, consegui me lembrar disso quando a Palavra de Deus falou ao meu coração.

Eu fiz um favor a mim mesmo. Decidi que, com a ajuda de Deus, eu colocaria minha casa em conformidade com a ordem de Deus. Devo confessar que isso não é tão fácil como parece, mas funciona. Houve ocasiões em que eu não deixei que Cristo me ajudasse a controlar minha natureza egoísta e, por isso, tive que sofrer as consequências. Por exemplo:

Nós tínhamos uma espécie de nogueira em nosso quintal e, nesse outono, ela produziu uma boa quantidade de nozes. Minha ideia "hipócrita" foi dividir as nozes igualmente em quantidade (sacos de 4 a 5 quilos) para distribuir a todos os nossos amigos e parentes. Por outro lado, minha esposa achava que uma de nossas tias merecia uma porção maior por causa da sua generosidade para conosco durante os anos. Eu era absolutamente contrário a exibir parcialidade ou favoritismo e acabei não ouvindo o pedido de minha esposa para dar a essa tia uma porção maior do que estava dando a outras pessoas. Minha esposa até propôs me pagar pelas nozes extras para dar à sua tia, e isso me ofendeu, pois essas nozes eram um presente de Deus, e eu não iria aceitar nenhum dinheiro por elas. Mas que ideia!

A essa altura, minha esposa estava furiosa e em prantos, e eu estava gritando com ela, tentando fazer com que ela entendesse minha posição. Assim, aqui estávamos, brigando a respeito da minha posição piedosa, e eu achando que estava sendo o líder espiritual da minha casa o tempo todo. Nossa briga sobre as nozes durou toda a tarde de domingo. Eu continuava pensando: "Há algo errado com minha esposa. Como ela não consegue ver o quanto eu sou 'bom', em lugar de insultar minha espiritualidade?". Afinal de contas, eu havia estado na igreja naquele dia, e ela não, o que me fazia superior a ela. Eu não pude ver isso na ocasião, mas certamente era eu quem estava errado. Minha hipocrisia e *autopiedade se manifestavam como um mau cheiro, e não é de admirar que minha esposa tenha se rebelado contra mim.*

Desde então, percebi que, se meu lar estiver em discórdia, nem toda oração e adoração do mundo serão suficientes para eu me reconciliar com Jesus.

Saber quando sua casa está na ordem divina, com cada membro da família em comunhão com Jesus Cristo e com Deus, é uma revelação. Não saber é sentir autopiedade, ódio e discórdia dentro e fora da casa. Eu oro ao meu Senhor e Salvador e peço que não apenas cada homem em nossa igreja, como também na comunidade e na nação, reconheça, pelo Espírito Santo, a ordem divina que Deus estabeleceu, para que possamos louvá-lo e glorificá-lo através do cumprimento dessa ordem.

Tive permissão de utilizar o incidente narrado acima, e nós o vemos refletido em nossas próprias vidas. Esse episódio não foi nada engraçado ou divertido para a família durante o período em que aconteceu; mas, visto de fora, é engraçado — até mesmo para essa família, passados vários meses. Um dos benefícios de uma casa controlada pelo Espírito Santo é poder olhar para nós mesmos e para nossa situação e nos vermos com clareza suficiente para podermos rir, o que é a cura para muitos dos problemas fabricados por nós mesmos, porque muitos de nossos problemas são engraçados. É por isso que tantos quadros de programas de televisão são criados sobre incidentes que acontecem nos lares — eles são remédios para nossas almas. Nós rimos, relaxamos e nos divertimos com a situação.

"O coração alegre serve de bom remédio, mas o espírito abatido virá a secar os ossos" (Pv 17.22).

Uma nova reprise mental desses incidentes divertidos em nossa vida diária nos dá muito material divertido para alegrar nossos corações. Se nossos corações estiverem alegres, nós temos o remédio real para fazer de nosso lar um lar feliz. Há ilimitadas comédias e tragédias que acontecem todos os dias em nossas salas, quartos, cozinhas, automóveis e quintais. Quanto antes aprendermos, pelo Espírito Santo, a sermos as "outras pessoas" que reprisam essas cenas divertidas em

Technicolor*, mais cedo conseguiremos ajudar a nós mesmos. Se o que você observar que está acontecendo segue para um trágico desfecho, então converse com sua esposa, enfrente o problema e solucione-o. Por outro lado, se for engraçado ou divertido, ria e aproveite. A maioria dos incidentes em nossa vida familiar merece uma grande gargalhada. Há poucos que merecem cuidado profissional. Aprenda como diferenciá-los e a agir da maneira adequada.

Quando um marido tem ciência de que deve ser o líder espiritual em seu lar, então Deus Pai começa a realmente mostrar-se vivo para toda a família. O fruto que resulta de um lar controlado por Jesus produz uma colheita abundante. Conheci um homem cujos olhos foram abertos para essas verdades, e a diferença naquele lar era como o dia e a noite. Ele percebeu que, para que eles tivessem algum desenvolvimento espiritual e consolação em Cristo, algum conforto de amor, alguma comunhão do Espírito, alguma ternura de coração e entendimento solidário, alguma alegria no lar — então ele, como o chefe da casa, teria que mudar a sua atitude. Ele teria que se humilhar, tornar-se obediente ao princípio da morte que consiste em abandonar o seu próprio ego, a sua própria soberba, a sua própria teimosia, e assumir a sua função de ser o profeta, o sacerdote e o rei do seu lar.

Quando ele começou a admitir para sua esposa os seus erros, a sua falta de vontade de ler a Bíblia diante de seus filhos, a sua falta de vontade de orar diante de sua esposa, a sua vergonha de ir à igreja, o seu desinteresse geral pelas coisas espirituais, e quando começou a fazer essas coisas com o espírito correto, surgiram uma abertura gloriosa e uma doçura maravilhosa entre ele, sua esposa e seus filhos. Eles, então, começaram a vê-lo como forte, amoroso, gentil e útil. Quando ele tinha que tomar decisões, começava incluindo sua família no processo, pedindo que orassem com ele. Eles se sentiam necessários e chegavam a um acordo, trabalhando juntos para um único propósito.

Quando seu filho adolescente voltava para casa com tentações ou dificuldades, ele tinha facilidade para conversar com seu pai, pois seu pai revelava suas próprias inadequações e incapacidade para lidar

---

* N. do E.: Technicolor (ou tecnicolor) é o nome comercial de um processo de cinema em cores inventado na década de 20 por técnicos norte-americanos. Acabou virando sinônimo de filme colorido ou alguma coisa muito cheia de cores, ou ainda quando pensamos, lembramos ou sonhamos com riquezas de detalhes, quase como se fosse algo real. Ex: *sonhar ou pensar em tecnicolor*.

com situações de tempos em tempos, e, juntos, eles conversavam com o Senhor, confessando que isso era demais para eles e que precisavam da ajuda de Deus.

O pai começou, de fato, a ser um pai piedoso e devoto quando se viu como aquele que deveria ajudar sua esposa e seus filhos a crescer no Senhor; que deveria encorajá-los e estimular o seu amor e dependência de Deus; que ele, como profeta, deveria lhes dar alívio para a alma; que deveria ajudá-los a crescer em santidade, felicidade e esperança.

"E vós, pais, não provoqueis a ira a vossos filhos, mas criai-os na doutrina e admoestação do Senhor" (Ef 6.4).

Antes, quando um filho queria conversar e ele estava ocupado vendo TV ou então lendo o jornal ou um livro, ele mandaria o filho ir brincar ou conversar com a mãe. Ele não percebia que o que estava ensinando era que Deus está ocupado demais e não está realmente interessado em nossas necessidades como seus filhos. Esse pai e esposo pensava na igreja como algo que atrapalhava os seus fins de semana — o tempo que ele tinha de lazer ou descanso, ou o tempo em que estaria fazendo coisas mais emocionantes como caçar, pescar, jogar golfe, acampar, ver TV ou visitar outras pessoas. Ele nunca havia percebido que a sua influência era tão grande que os seus filhos cresciam temendo os fins de semana, porque os fins de semana significavam que papai e mamãe iriam brigar a respeito da igreja — ou haveria aquele terrível silêncio quando papai e mamãe não conversariam, ou então eles iriam à igreja, porém todos se sentiriam infelizes porque papai era infeliz em suas atitudes.

Alguns dos homens na igreja onde sirvo começaram a entender o que estou ensinando neste pequeno livro, e, para a surpresa deles, descobriram que seus casamentos instáveis agora estão ficando estabilizados.

Um jovem, cujo casamento esteve em risco, confessou à sua esposa o seu fracasso como esposo e pediu a ela que se ajoelhasse ao seu lado, junto à cama, e que orassem juntos, de mãos dadas, pedindo ao Deus Espírito Santo que assumisse o controle do seu lar. Ele começou a perceber que sua família estava enferma por causa da sua incapacidade de liderar em coisas que dizem respeito à oração, à leitura da Palavra de Deus e ao estudo e à adoração com o povo de Deus. Quando uma mulher precisa insistir para que seu marido vá com ela à igreja, ou leia a Bíblia ou ore, isso não é bom. O homem, o profeta, o chefe da casa, deve tomar a iniciativa para que o lar se torne bom. Caso contrário, a situação estará fora da ordem de Deus, o homem estará se rebelando contra essa ordem, e o seu lar se tornará uma farsa. Assim, esse jovem compreendeu a ideia de ser o líder nas questões espirituais de seu lar, e agora todos os outros problemas e dificuldades estão começando a desaparecer. A sua esposa criou um novo respeito por ele; eles podem ser honestos com seus sentimentos sem que isso seja uma ameaça ao seu casamento; e, além disso, a alegria no Senhor renovou aquele lar, a ponto de outras famílias conseguirem ver a diferença.

Eu gostaria de usar as palavras de João, uma citação um pouco longa, mas acredito que ela criará o espírito apropriado para o seu desejo de responder positivamente às ideias e princípios deste livro. Os homens são, basicamente, céticos; eles querem provas. Isso é tão verdade agora como era nos dias de Jesus. Mas Jesus sabia como lidar com as dúvidas dos homens. Ele os desafiou a testá-las, a pô-las à prova e a tentar. E que bênçãos receberam os que fizeram isso! Tal pode acontecer com você hoje se você "tentar".

"Chegada, pois, a tarde daquele dia, o primeiro da semana, e cerradas as portas onde os discípulos, com medo dos judeus, se tinham ajuntado, chegou Jesus, e pôs-se no meio, e disse-lhes: Paz seja convosco! E, dizendo isso, mostrou-lhes as mãos e o lado. De sorte que os discípulos se alegraram, vendo o Senhor. Disse-lhes, pois, Jesus outra vez: Paz seja convosco! Assim como o Pai me enviou, também eu vos envio a vós. E, havendo dito isso, assoprou sobre eles e disse-lhes: Recebei o Espírito Santo. Àqueles a quem perdoardes os pecados, lhes são perdoados; e, àqueles a quem os retiverdes, lhes são retidos. Ora, Tomé, um dos doze, chamado Dídimo, não estava com eles quando veio Jesus. Disseram-lhe, pois, os outros discípulos: Vimos o Senhor. Mas ele disse-lhes: Se eu não vir o sinal dos cravos em suas mãos, e não puser o dedo no lugar dos cravos, e não puser a minha mão no seu lado, de maneira nenhuma o crerei. E, oito dias depois, estavam outra vez os seus discípulos dentro, e, com eles, Tomé. Chegou Jesus, estando as portas fechadas, e apresentou-se no meio, e disse: Paz seja convosco! Depois, disse a Tomé: Põe aqui o teu dedo e vê as minhas mãos; chega a tua mão e põe-na no meu lado; não sejas incrédulo, mas

crente. Tomé respondeu e disse-lhe: Senhor meu, e Deus meu! Disse-lhe Jesus: Porque me viste, Tomé, creste; bem-aventurados os que não viram e creram! Jesus, pois, operou também, em presença de seus discípulos, muitos outros sinais, que não estão escritos neste livro. Estes, porém, foram escritos para que creiais que Jesus é o Cristo, o Filho de Deus, e para que, crendo, tenhais vida em seu nome" (Jo 20.19-31).

Tomé, o cético, estava pedindo as credenciais de Jesus. Tomé queria a prova da paz; ele queria — antes que pudesse crer — uma evidência tangível de que este era, verdadeiramente, o Senhor ressuscitado. Isso é compreensível — é o que nós, homens, queremos. Nós não queremos sair buscando algum pássaro hipotético em meio aos arbustos. A maioria dos homens é pragmática; nós temos uma necessidade embutida de testar a validade de alguma coisa nova. A atitude de Jesus para com Tomé foi: "Está bem, Tomé, não sejas apenas um espectador. Chega a tua mão e põe-na no meu lado; então crê". Quando Tomé viu que Jesus não era uma ilusão de óptica, que Jesus era real, ele, então, o considerou digno de sua devoção e respondeu: "Senhor meu, e Deus meu!"

Essa ressurreição de Jesus foi real, e o mesmo pode ser verdadeiro para você e seu casamento, desde que *vocês* creiam e, daí em diante, ajam de acordo com a sua fé. Jesus está perfeitamente disposto a nos dar sinais. Na verdade, Ele já nos deu amplos sinais. Agora, é hora de *você* sair das arquibancadas e ir para o campo, onde poderá se envolver com sua função como líder espiritual no lar, sendo o sacerdote, o rei e o profeta.

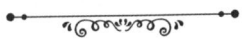

Eu sinto o entusiasmo, e uma injeção de alegria se acumula em minha alma, quando ouço narrativas como aquela do senhor que me disse:

"Page, eu não sabia que a vida e o casamento podiam ser tão incríveis. Desde que eu tive esse novo entendimento do papel do marido sendo o chefe espiritual de sua esposa, as coisas têm sido realmente maravilhosas em meu palácio. Estou muito feliz e muito em paz com o Senhor, comigo mesmo e com minha família.

"Ah, eu não vou negar que ainda temos nossas brigas – mas que diferença! Agora eu entendo que minha esposa é uma pessoa enviada por Deus para me auxiliar, e não para me ferir. Estou muito mais seguro no meu casamento. Posso expressar meus sentimentos mais profundos com toda a honestidade à minha esposa, e até mesmo se, às vezes, ela reagir com fúria, aprendi a lidar com isso, a permanecer firme e não me sentir ameaçado. E, amigo, o horror que eu costumava sentir a respeito das finanças acabou. Simplesmente eu não tenho mais que me enervar com isso, nem me irritar e me preocupar com minha esposa durante as nossas decisões de 'não comprar isso' ou 'não ir a determinado lugar'. Posso relaxar e confiar que o Senhor suprirá nossas necessidades financeiras depois que minha esposa e eu tivermos nos ajoelhado ao lado da cama e orado a respeito deste assunto com o Senhor.

"E, meu camarada, você não acreditaria nos problemas sexuais que nós costumávamos ter – a cada noite, era uma briga e um pesadelo. Agora, desde que minha esposa desenvolveu tão grande respeito por mim depois que comecei a controlar a vida no lar, ela não parece conseguir me mostrar o suficiente do seu amor e afeto. É como aquele sentimento que nós tínhamos quando nos casamos. E eu tenho tão mais liberdade agora que minha esposa não precisa mais suspeitar de minhas ações, pois ela sabe que sou fiel. Não há mais esconderijos; está tudo exposto, e desfrutamos a companhia um do outro.

"Se eu faço algo errado, eu conto a ela. Nós resolvemos o problema e seguimos adiante, e ela faz o mesmo comigo. Nós não nos importamos de nos expor um ao outro, ainda que isso frequentemente nos doa, porque há uma confiança e um amor básico que nos sustentam no Espírito. E nós aprendemos o quão é mais doce ser honesto com os nossos sentimentos. Aprendi não apenas dizer o que penso, mas também aprendi como lidar com as informações de minha esposa, algo que muitas vezes acabam sendo uma experiência realmente emocionante. Cada vez mais, temos menos momentos tediosos ou maçantes em nosso lar e parecemos sempre ter momentos ternos e preciosos de silêncio, sabendo que Jesus está presente e participando de nosso amor um pelo outro. Confesso que nunca imaginei que a vida pudesse ser tão significativa e maravilhosa a partir do momento em que comecei a aprender a modificar minha atitude. Tendo Cristo como o chefe do nosso lar, aprendi a confiar nas suas promessas e pedir a cura para minha família, além de sabedoria para tomar as decisões.

"Page, eu ainda poderia continuar falando, mas realmente quero lhe agradecer por me apresentar os dias mais felizes da minha vida, os dias que encontrei, *sendo libertado de mim mesmo e vinculado a Jesus, a fonte da vida. Ele ainda não me desapontou e, na sua graça, descobri que minha esposa é uma verdadeira ajudadora, perfeitamente adequada para cada uma de minhas necessidades. Ela estava ali todo o tempo, e eu quase deixei de receber a maior mensagem para os nossos dias: 'Homens, façam um favor a si mesmos: amem as suas esposas'."*

Fico muito satisfeito quando os homens mudam a sua atitude a respeito do Senhor, de si mesmos e de suas esposas, assim como fez esse jovem, e espero que milhares façam isso nos dias vindouros. Minha oração é que você esteja entre eles.

Este livro foi escrito para que você possa crer em Jesus e no modo de Ele estabelecer um lar. Ao fazer isso, você realmente fará um favor a si mesmo, amando sua esposa da mesma maneira como Jesus amou a Igreja e se entregou por ela.

"Grande é este mistério; digo-o, porém, a respeito de Cristo e da igreja. Assim também vós, cada um em particular ame a sua própria mulher como a si mesmo" (Ef 5.32-33).

O Senhor fica muito satisfeito quando você se torna o profeta, o sacerdote e o rei em sua própria casa. Ele fica tão satisfeito com isso que nunca permitirá que a casa seja dividida, separada ou destruída enquanto você cumprir a responsabilidade divinamente ordenada que Ele lhe deu. Quando você estiver em conformidade com a ordem divina, Deus honrará seu lar e o tornará alegre — um lugar seguro, emocionante e prazeroso para cada membro da família. Deus cuida do lar e o torna celestial.

"Acharás graça e bom entendimento aos olhos de Deus e dos homens. Confia no SENHOR *de todo o teu coração e não te estribes no teu próprio entendimento. Reconhece-o em todos os teus caminhos, e ele endireitará as tuas veredas"* (Pv 3.4-6).

Eu confio, Senhor, que a honra, a paz e a glória virão ao meu lar quando eu começar a estar em conformidade com a tua ordem divina, ou seja, tendo o Senhor como minha cabeça, eu como cabeça de minha esposa, e eu e minha esposa como cabeça de nossos filhos. Senhor, agora estou disposto a submeter minha vontade à tua e agradeço a ti pela paz que excede todo entendimento. A Deus toda a glória. Louvai ao Senhor!

Em nome do Senhor Jesus Cristo,
Amém e amém.